Copyright 2022 A Drop From Eden

For details or ordering information, contact me at adropfromedenministry@gmail.com

All rights reserved. No part of this publication can be reproduced in any form without permission from the publisher

Scripture taken from the New King James Version®. Copyright © 1982 by Thomas Nelson. Used by permission. All rights reserved.

This Books Belongs to

Find Us On

Website www.adropfromeden.com

Instagram https://www.instagram.com/adropfromeden/

Twitter **https://twitter.com/adropfromeden**

Facebook aromatherapy group https://
www.facebook.com/groups/adropfromeden

Facebook Ministry Group https://www.facebook.com/
groups/adropfromedenministry

About The Author

Hello, God's children my name is Felicia Patterson, I hold a degree in psychology, aromatherapy as well as am an Ordained Minister. Journaling has helped me through some very tough times in my life along with my faith and I thought why not combine the two. I could go on about my accomplishments but instead, I would like to share with you a personal story of what the power of faith and prayer can do.

About the Author

I was born with a rare spinal condition. My parents reached out to all the greats, but all said there was no treatment and just keep me comfortable until my time came. After months of searching and praying, a young and brilliant neurosurgeon came up with a plan that would hopefully work. Prior to what was to be a series of surgeries, I wanted to see the Happy Hunters that were a few hours away from us. Things were tight but my parents made it happen but only had fifty dollars to travel on. We got to the motel got cleaned up and walked across the street where they were giving the sermon. At this time, I had lost all function of my lower extremities and I had to be carried into the church. Prior to the sermon, they were passing the plate. We only had enough to get back home, so we don't have anything to spare. As they were passing the plate my mom put the fifty dollars in. The lady minister whom I will never forget asked my dad to sit me beside her. While her husband was giving the sermon, she was rubbing my back. My parents had communicated with them through email, but she had no knowledge of who we were or my condition. After a while, she asked my mom and another woman to take my hands and walk me around the church. I had not walked in months yet practically ran around the church. After it was over, we were headed for the lobby when the same woman that walked with me around the church came up to my mom and said, "God told me to give you this" and gave her two twenties and a ten. Our Life is a testament that through all the challenges, loss, and despair that we must hold to our faith and trust that we are all here for a purpose.

Table Of Contents

Make Leaning Fun
Enjoy

Color it

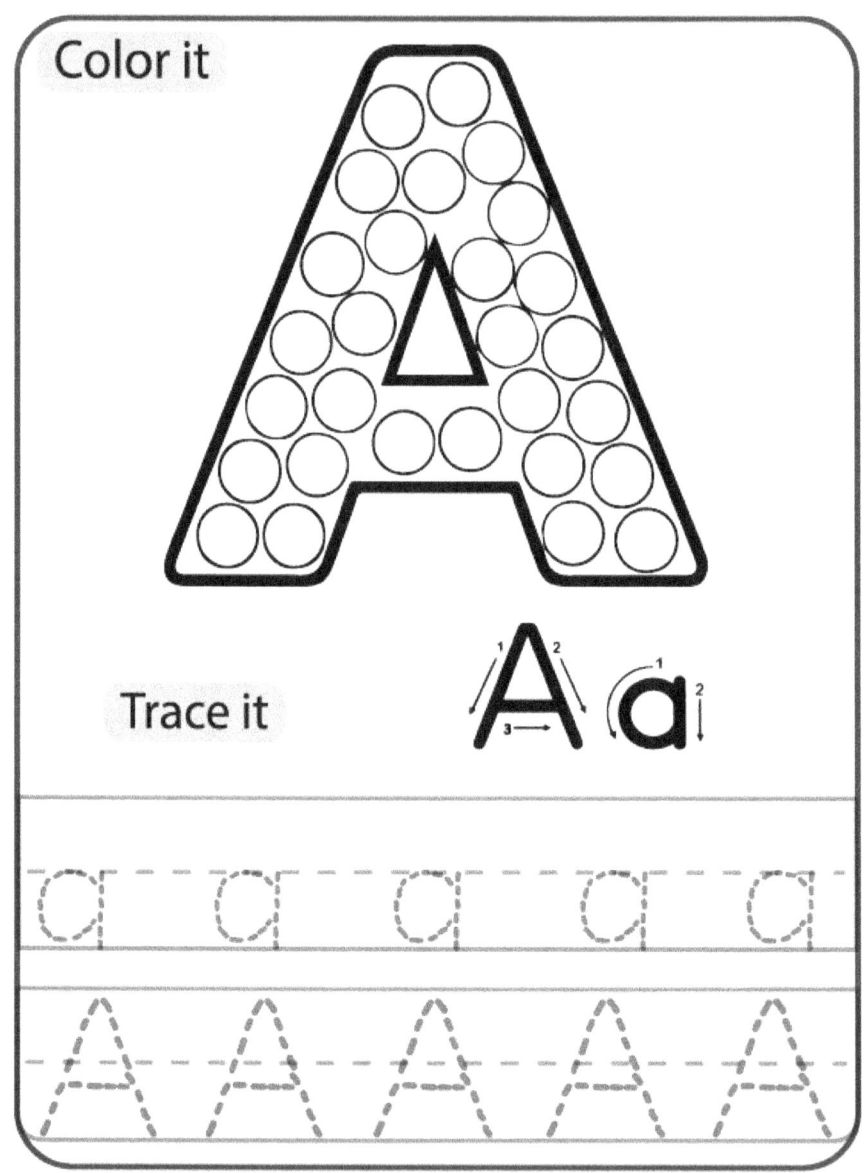

Trace it

A

ADVENT

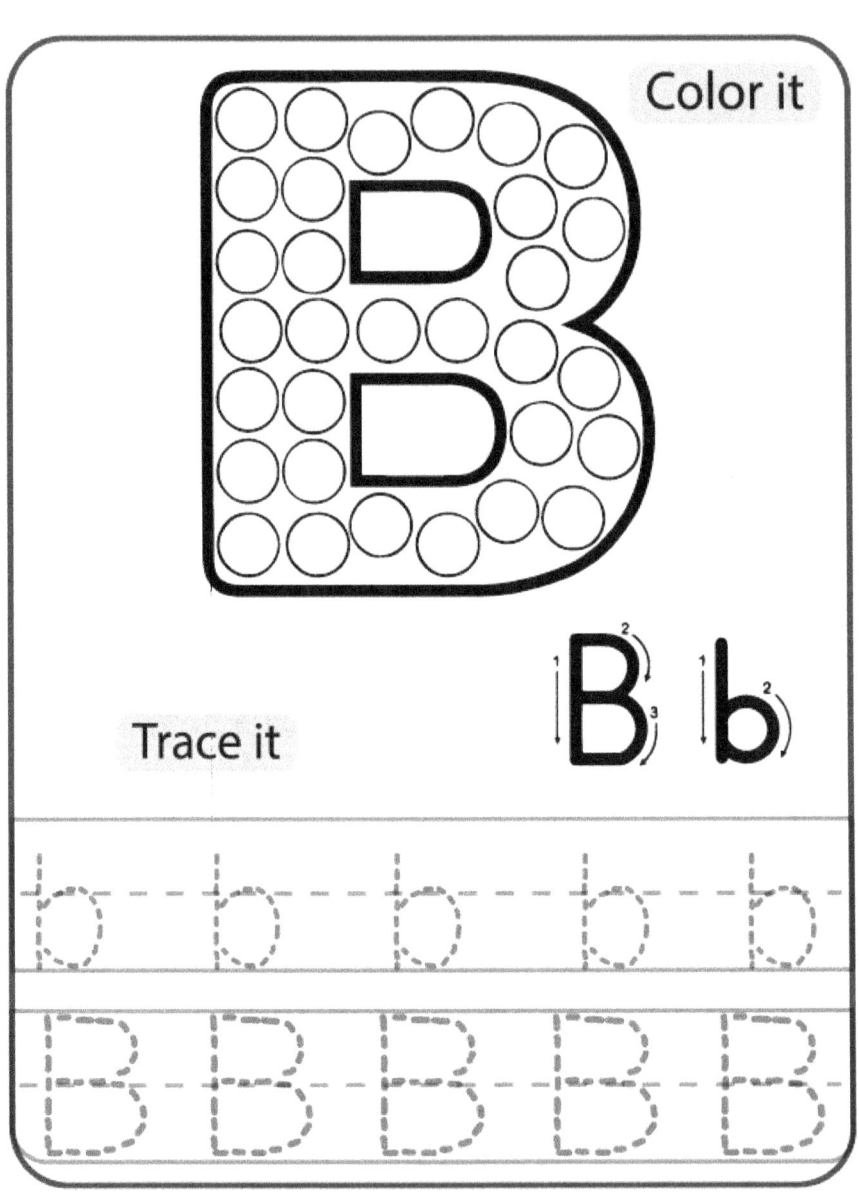

Trace it

B b

b b b b b

B B B B B

B

BIBLE

Color it

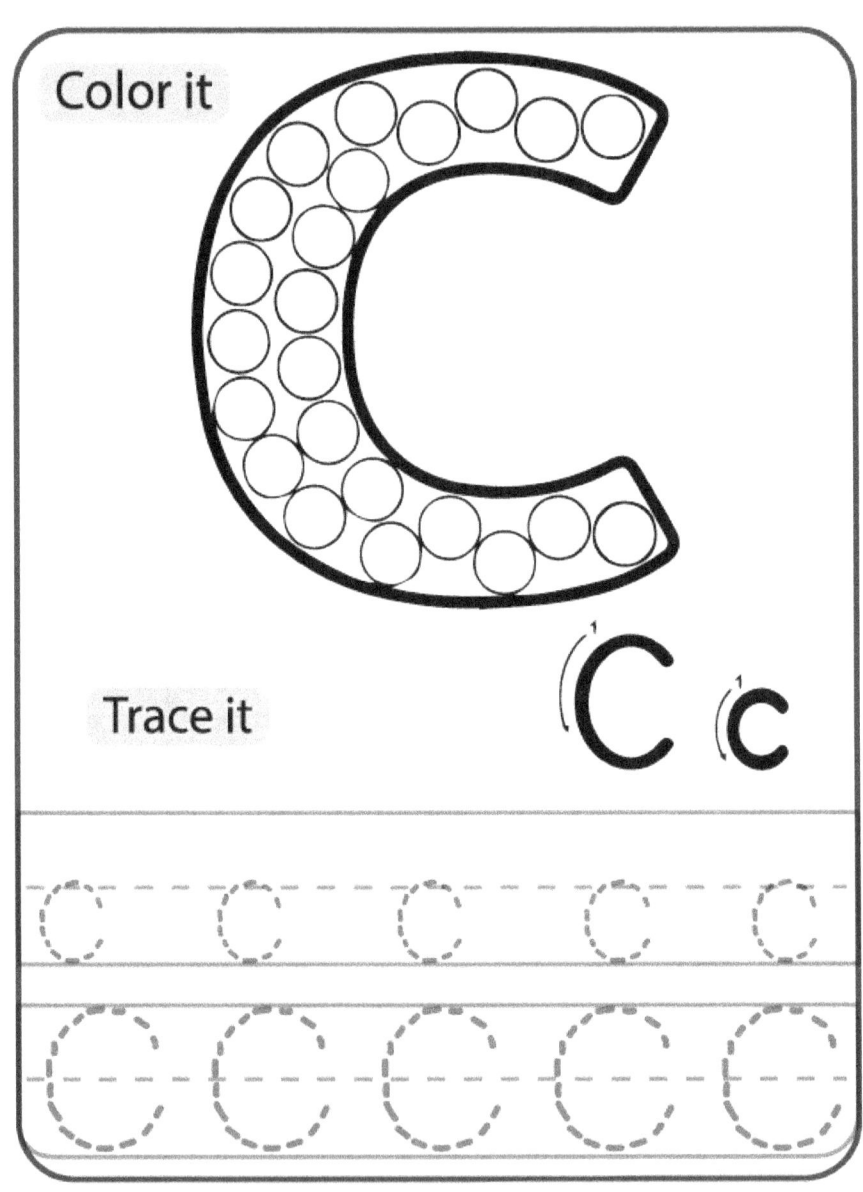

Trace it

14

C

CROSS

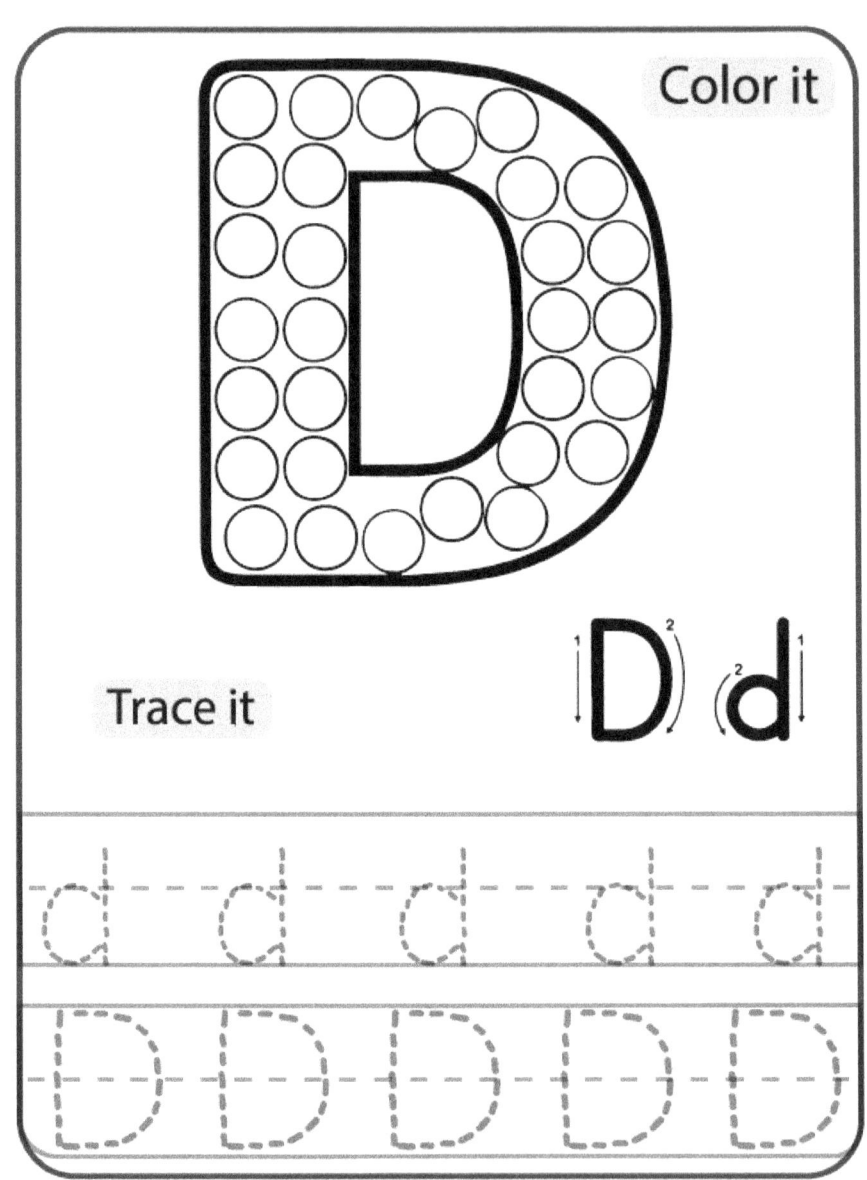

Color it

Trace it

16

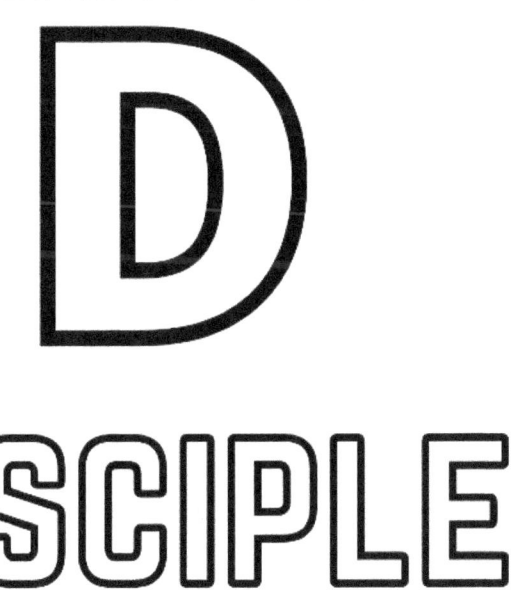

DISCIPLE

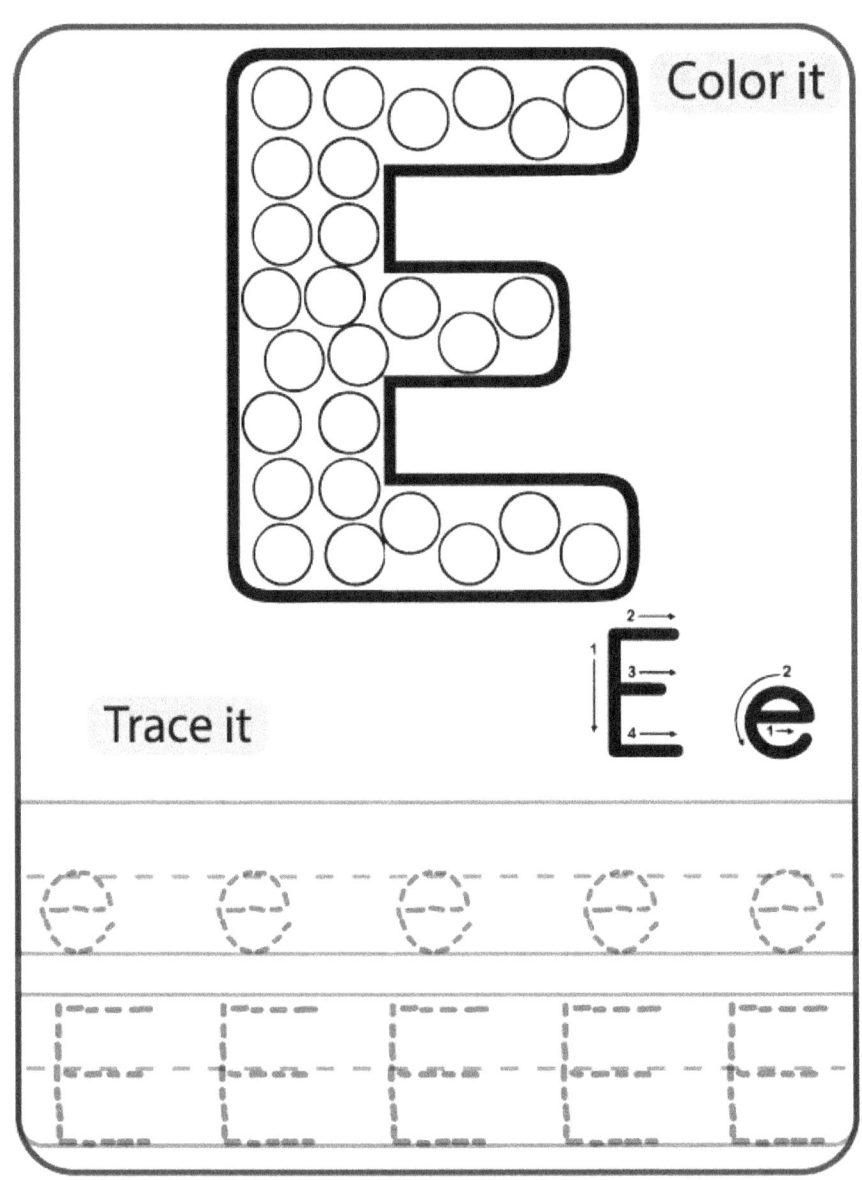

Color it

Trace it

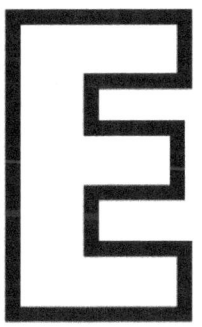

EUCHARIST

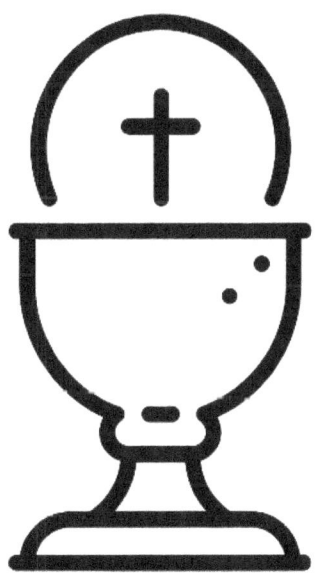

Color it

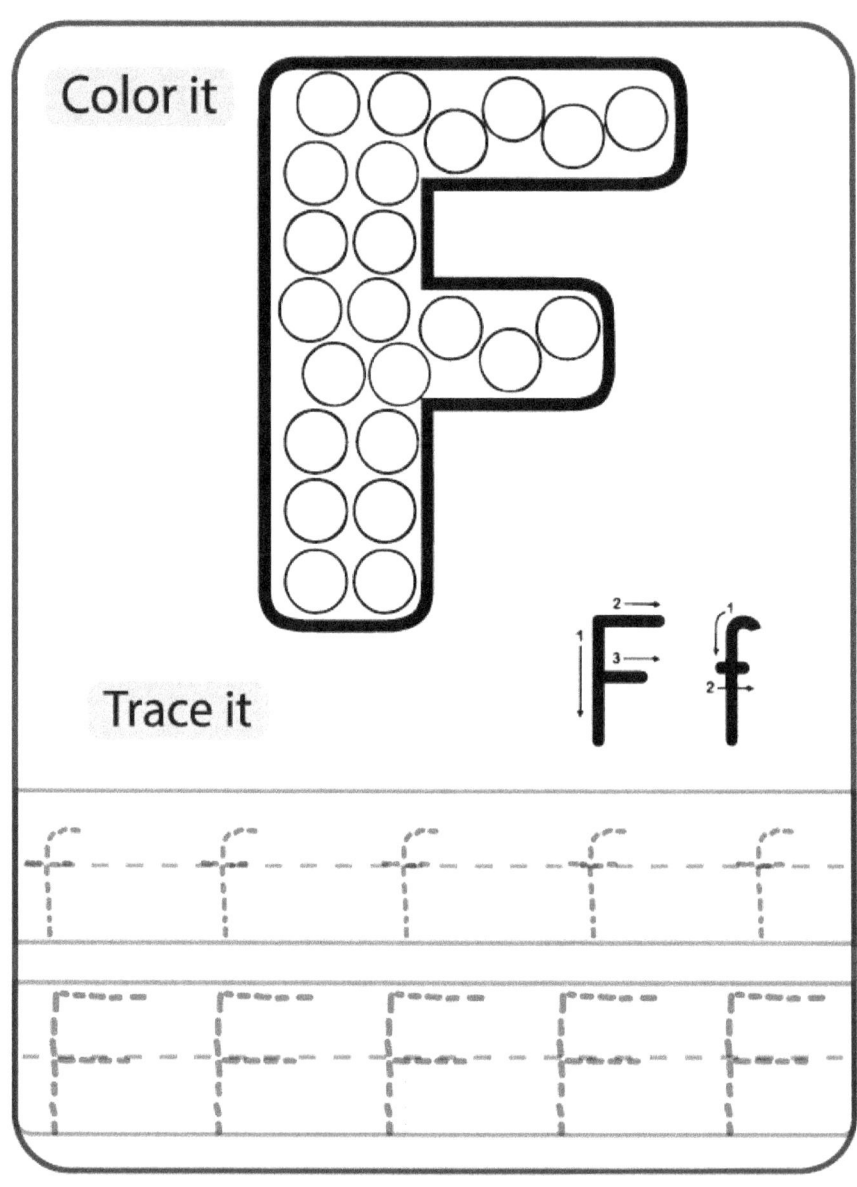

Trace it

FAITH

21

Color it

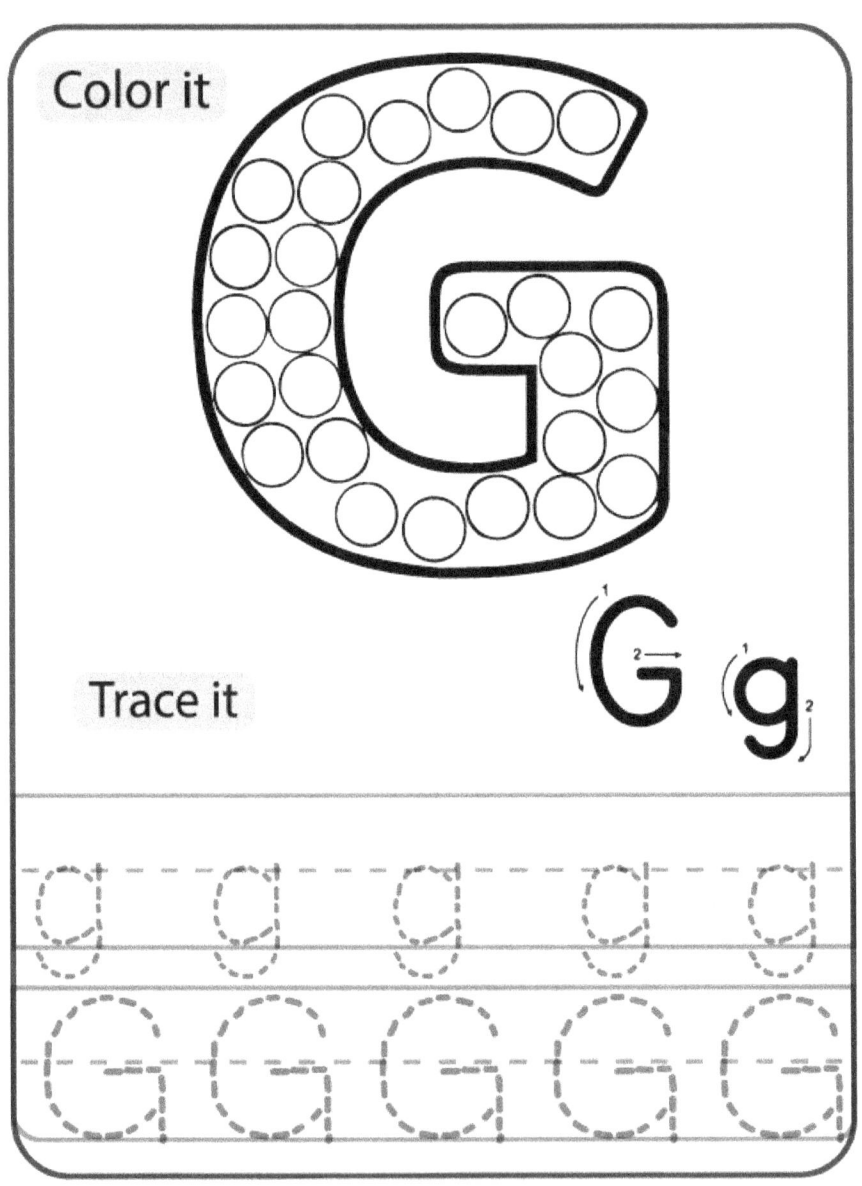

Trace it

22

G

GOSPEL

Color it

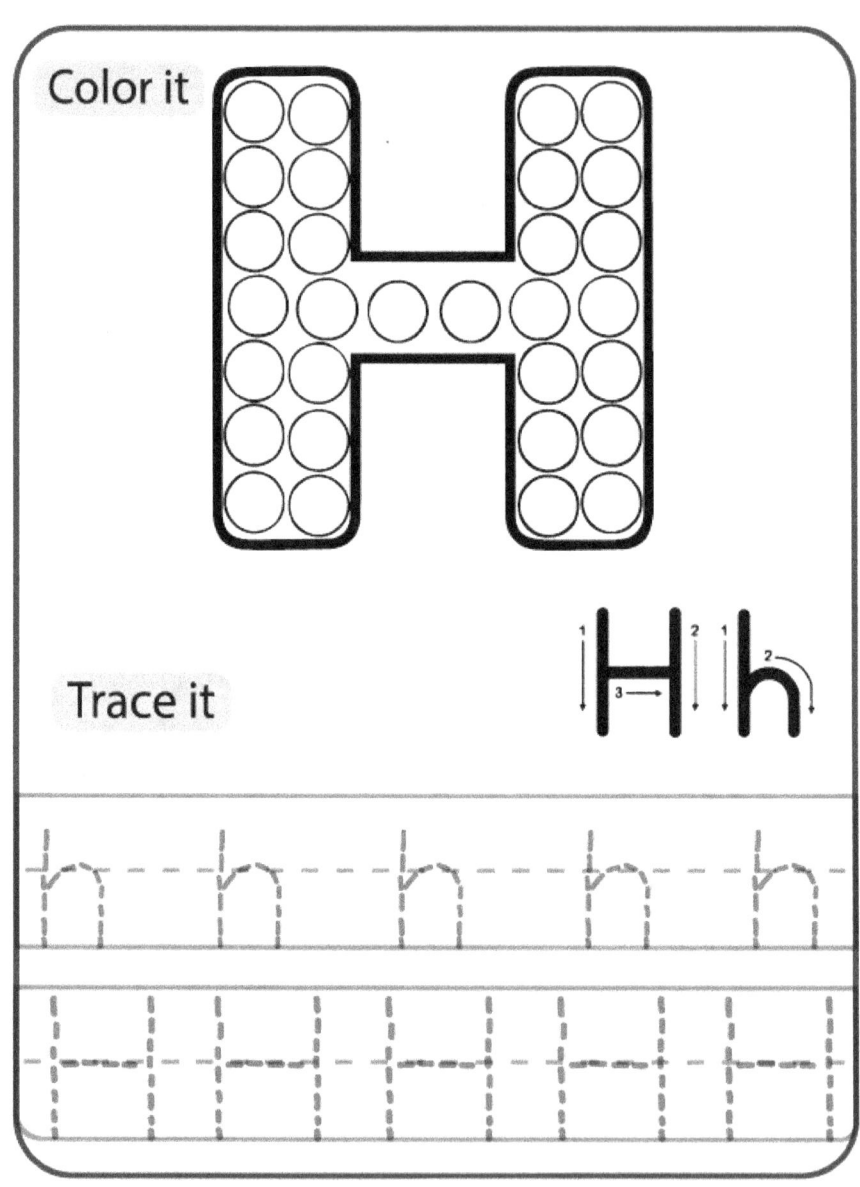

Trace it

H

HOLY SPIRIT

Color it

Trace it

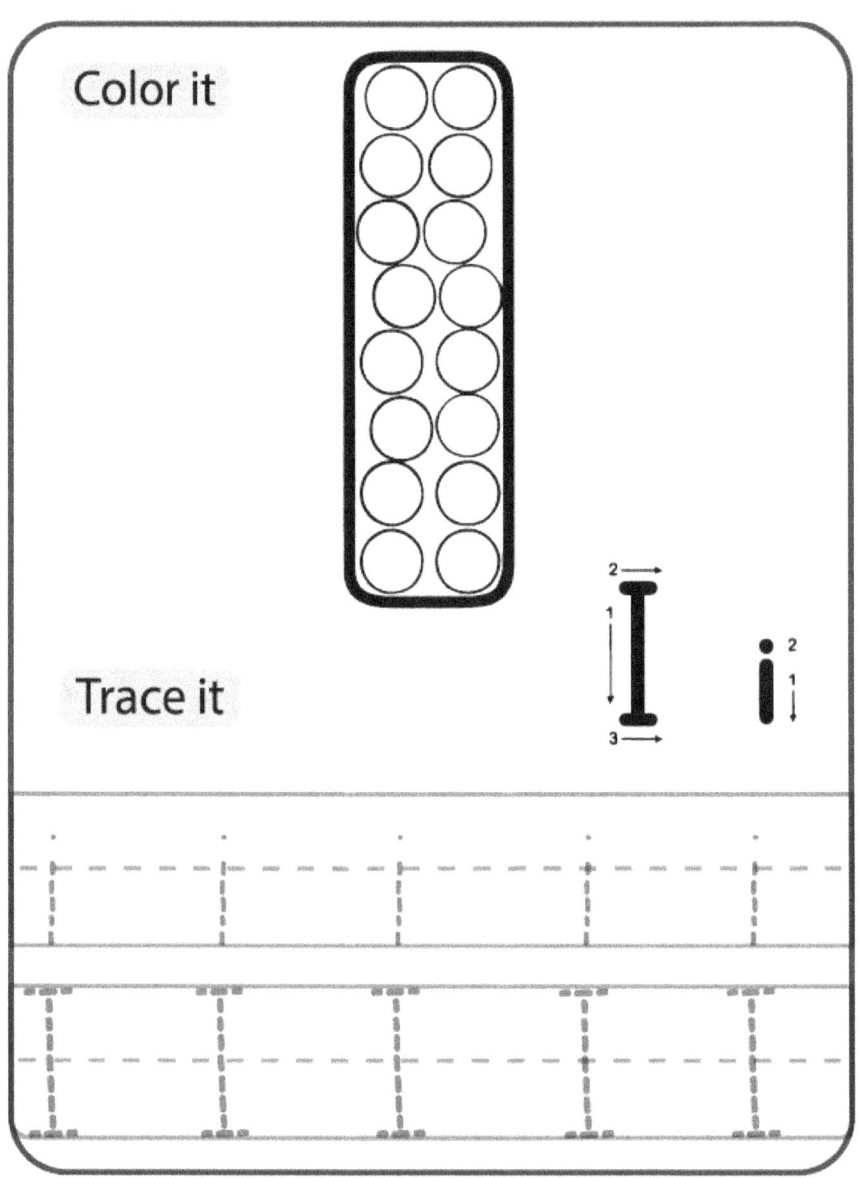

I

INCENSE

Color it

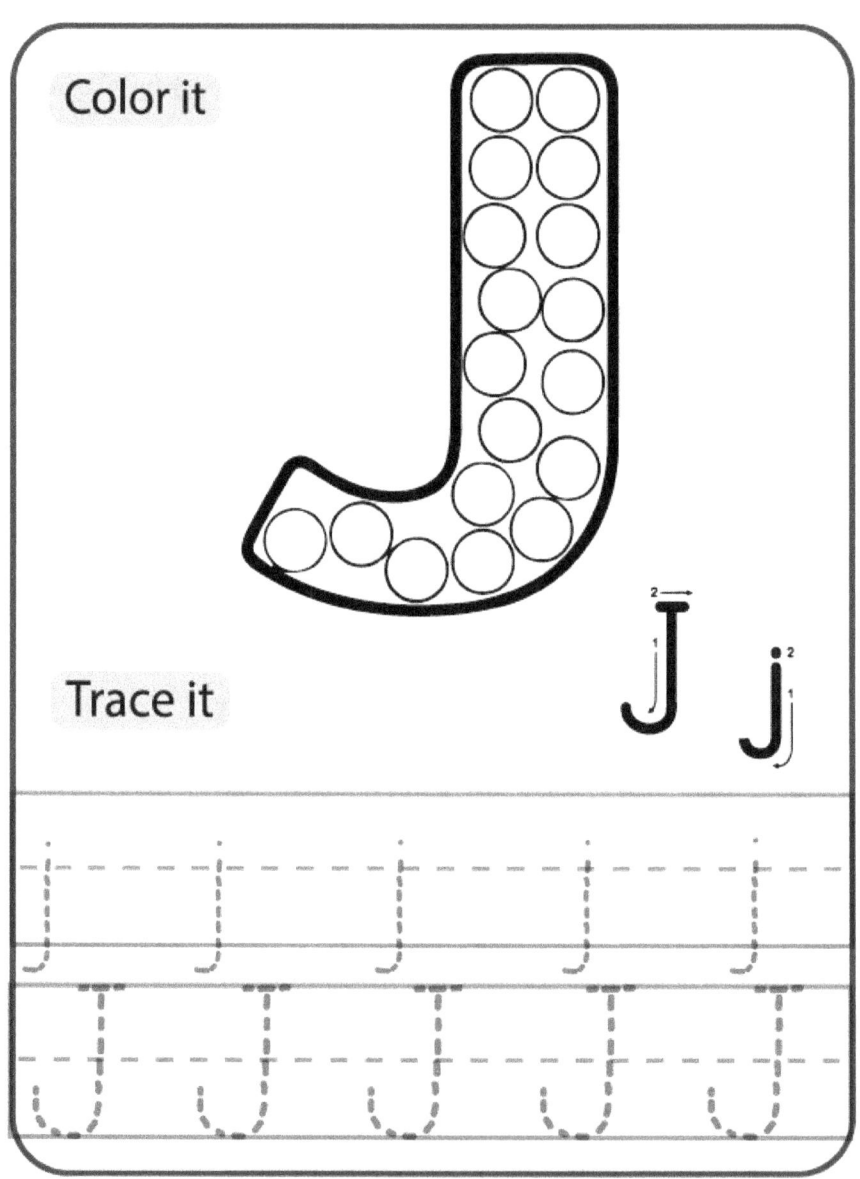

J j

Trace it

J

JESUS

Color it

Trace it

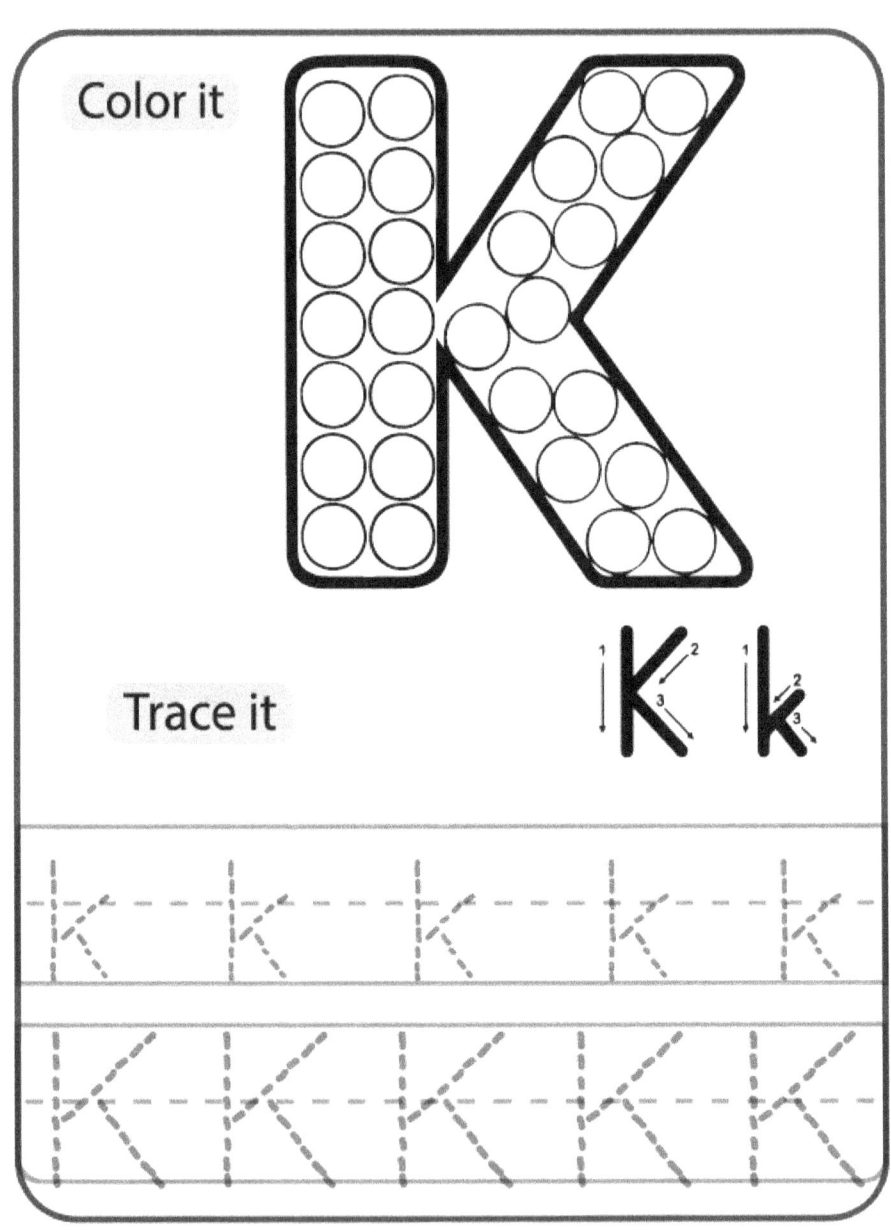

K

KING

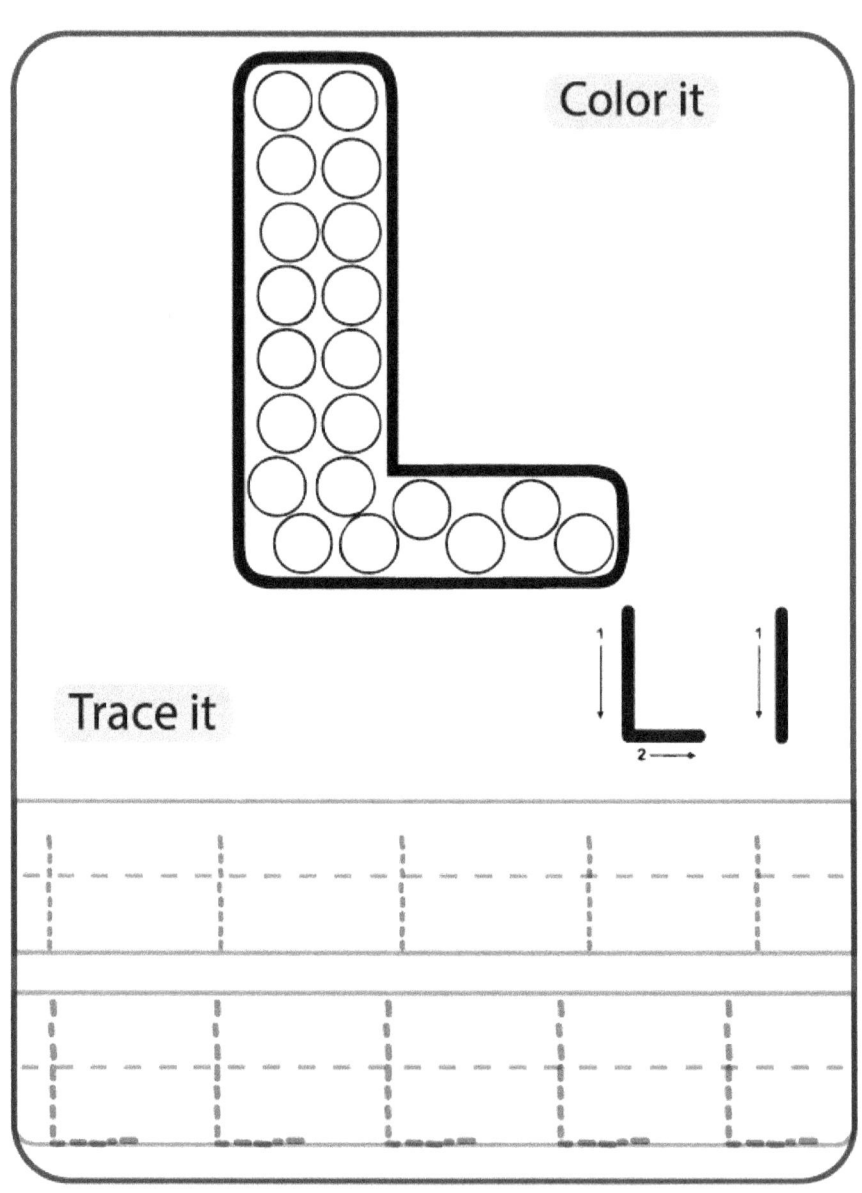

Color it

Trace it

L

LORD

Color it

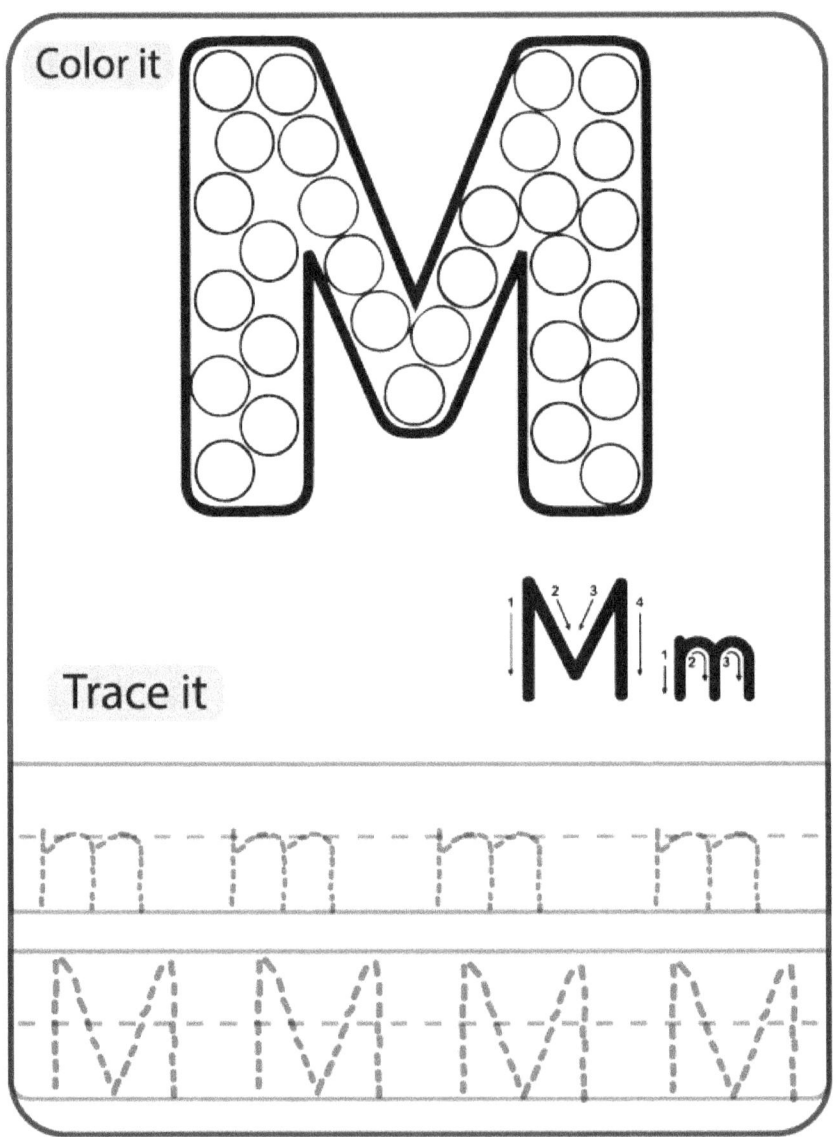

Trace it

m m m m m

M M M M M

M

MENORAH

Color it

Trace it

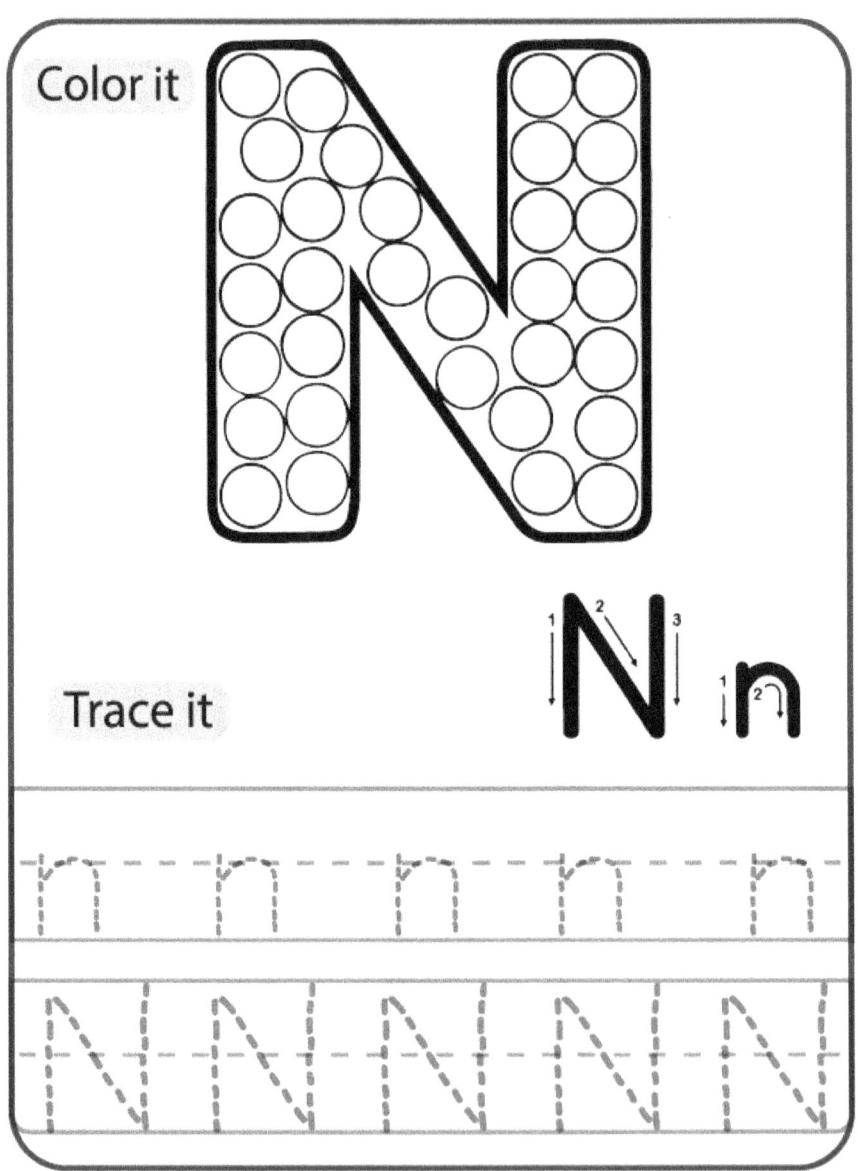

N

NICENE

CREED

Color it

Trace it

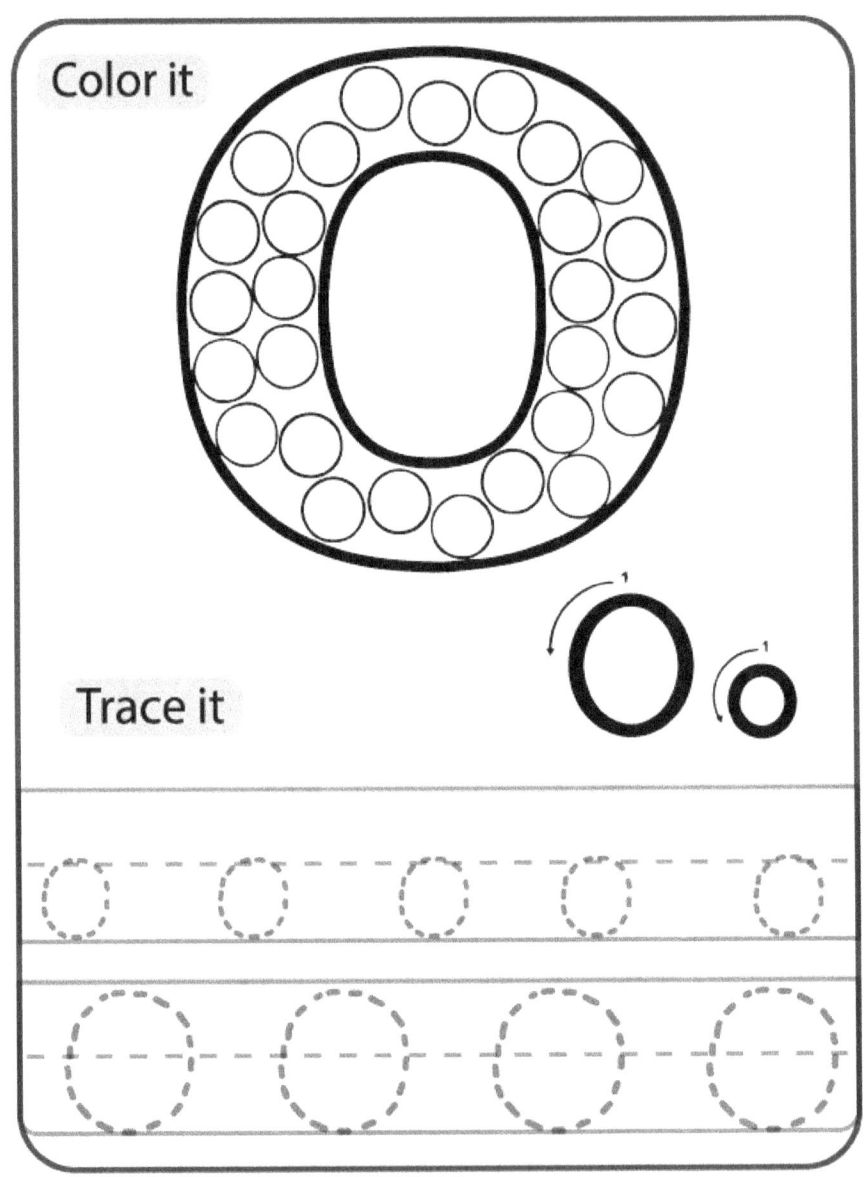

O

OLD

TESTAMENT

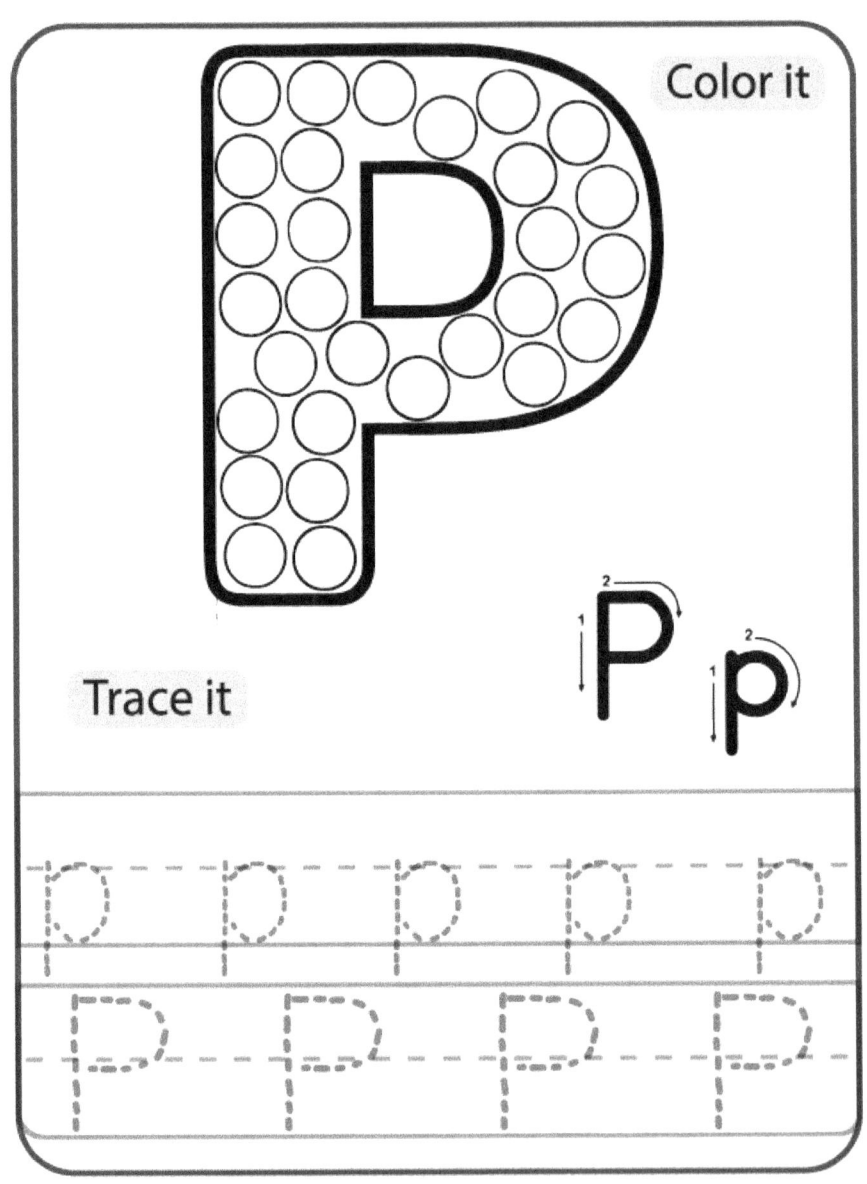

Color it

Trace it

40

P

POPE

Color it

Trace it

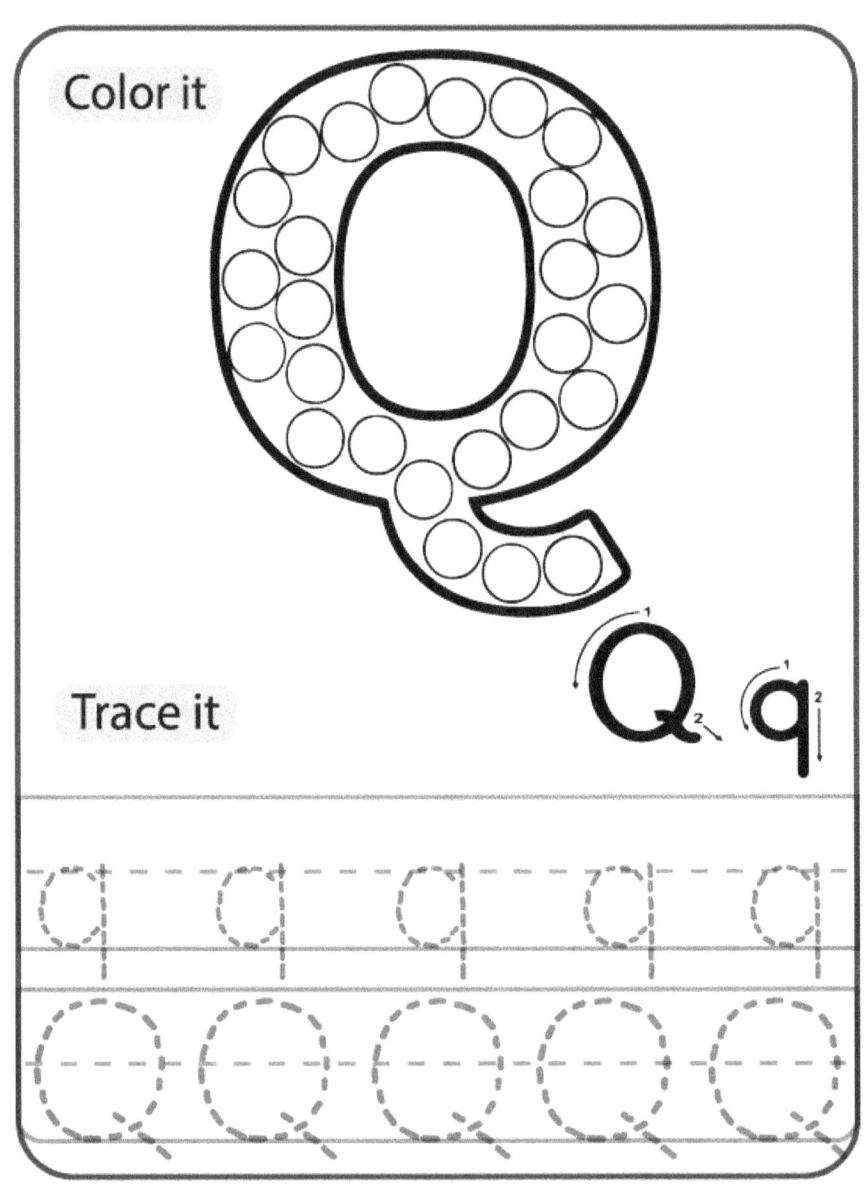

Q

QUEEN

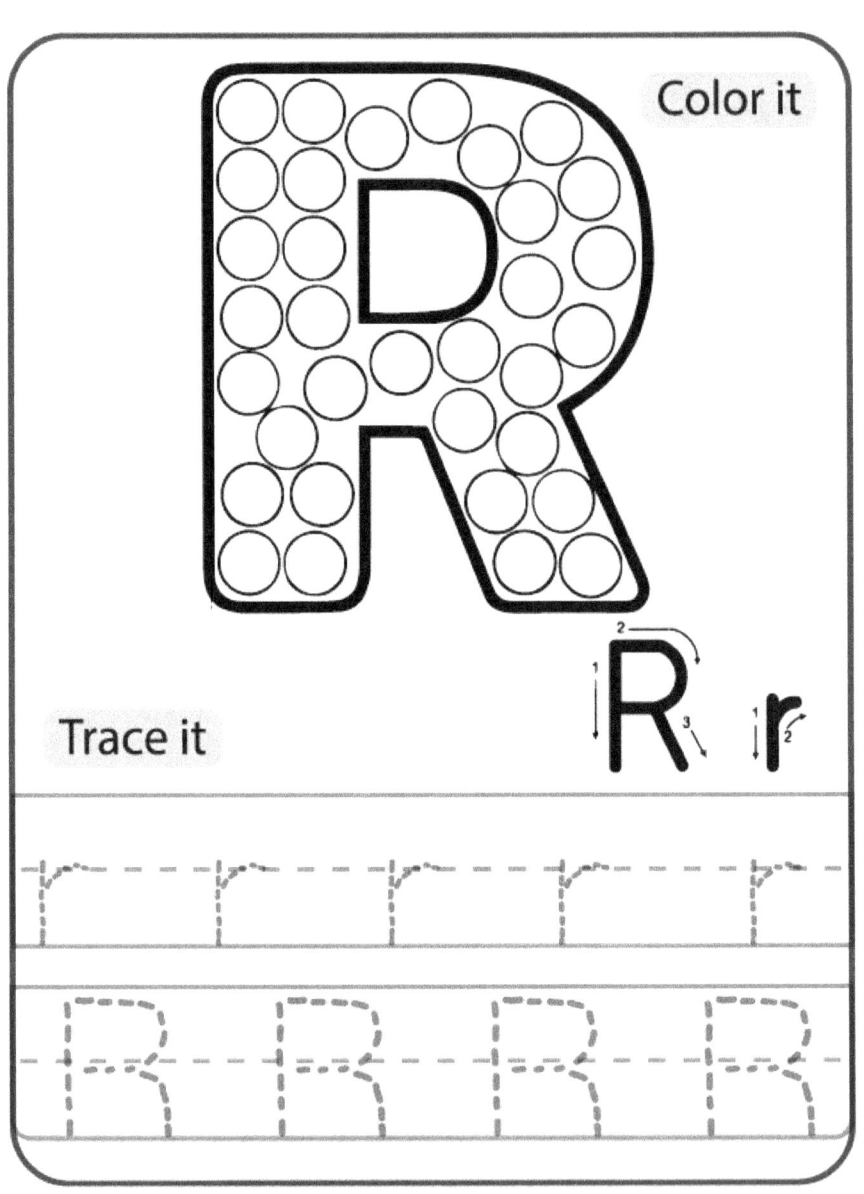

Color it

Trace it

44

RESURRECTION

Color it

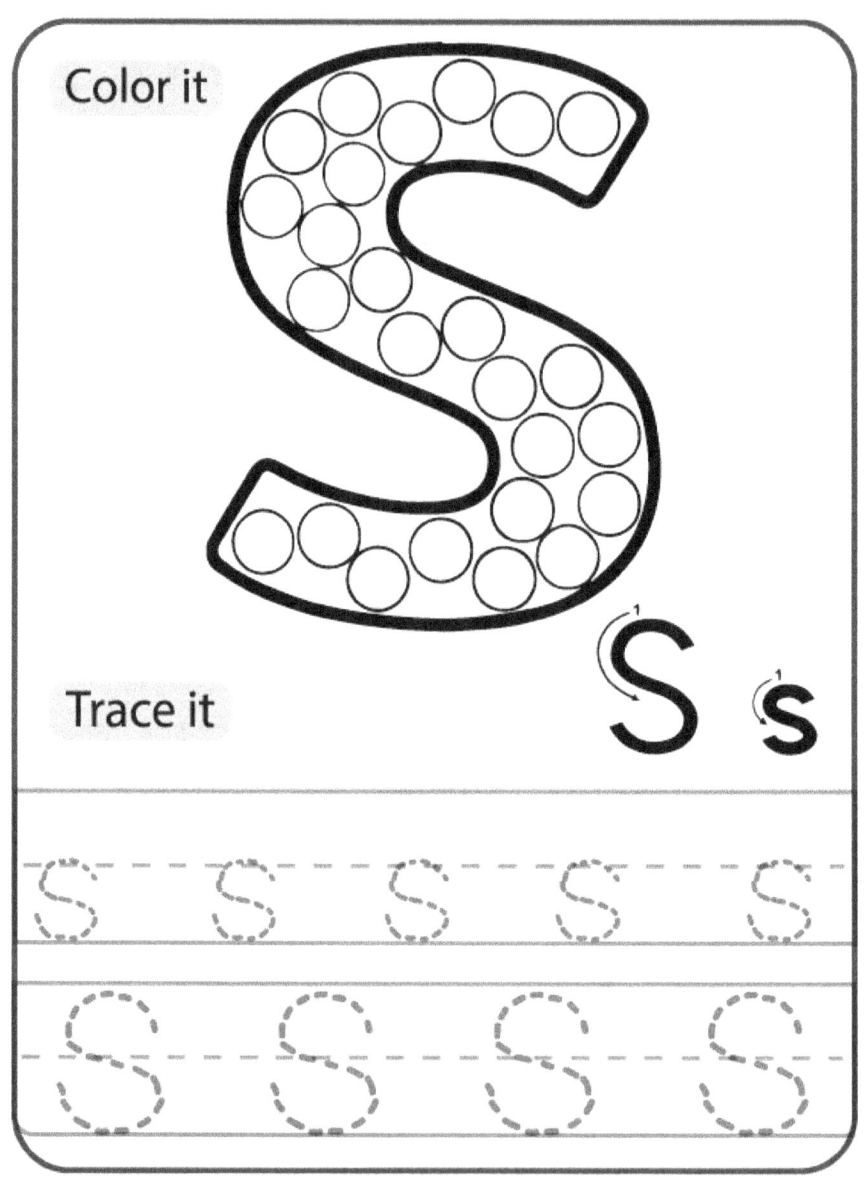

Trace it

S

SAINT

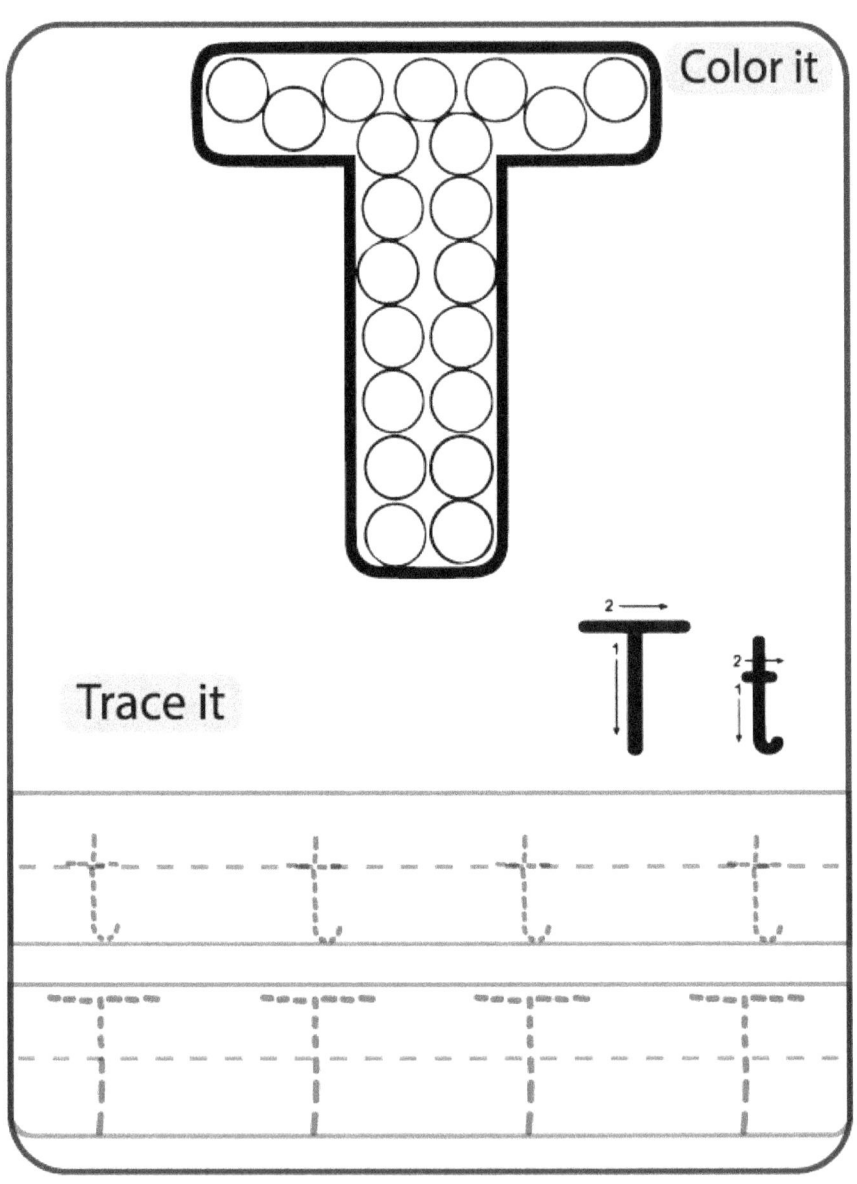

Color it

Trace it

48

T

TRINITY

Color it

Trace it

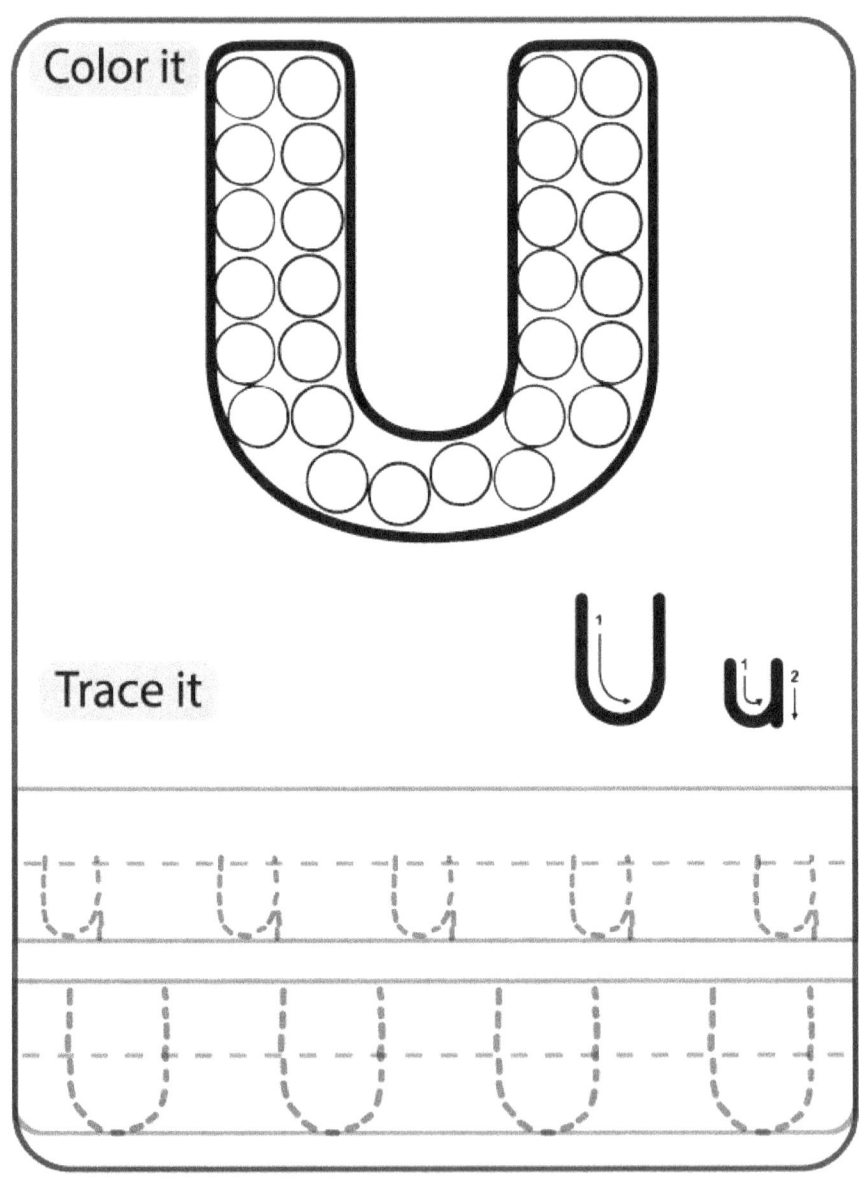

U

UNITY

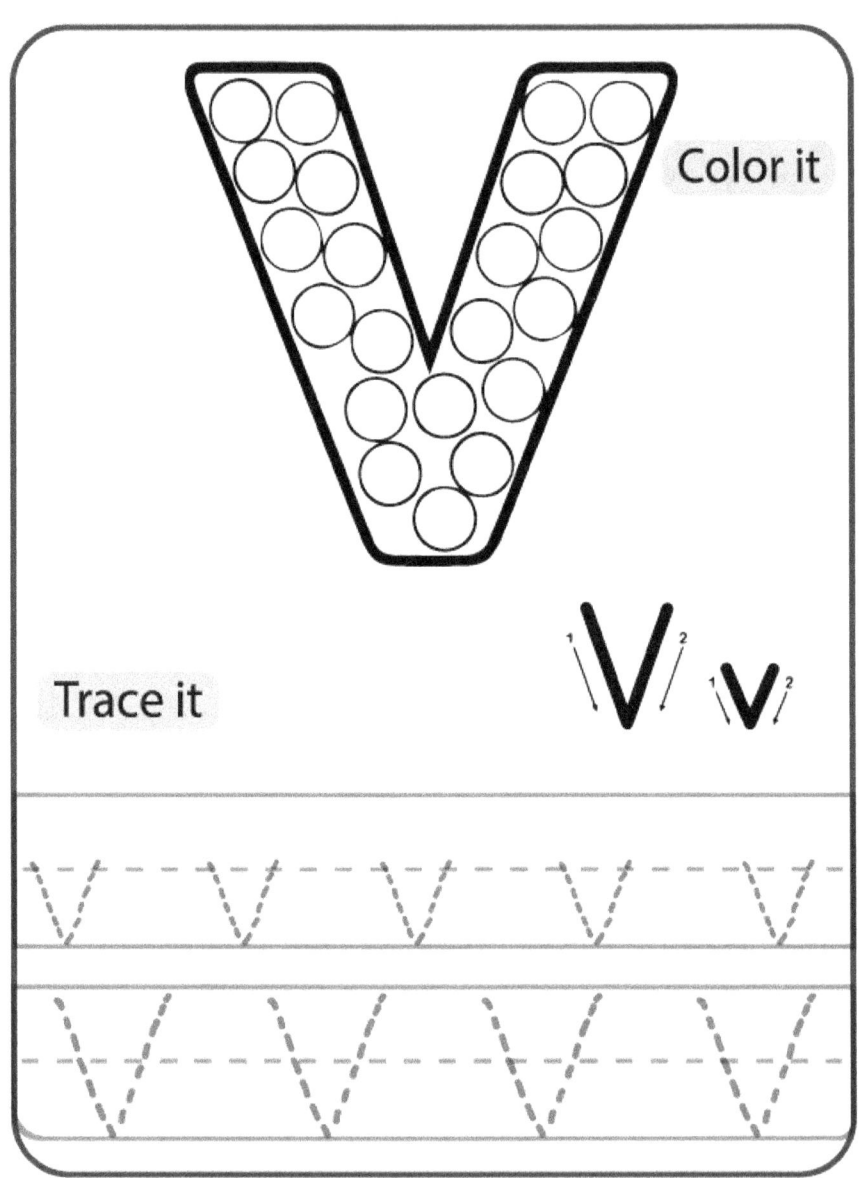

Color it

Trace it

V

VATICAN

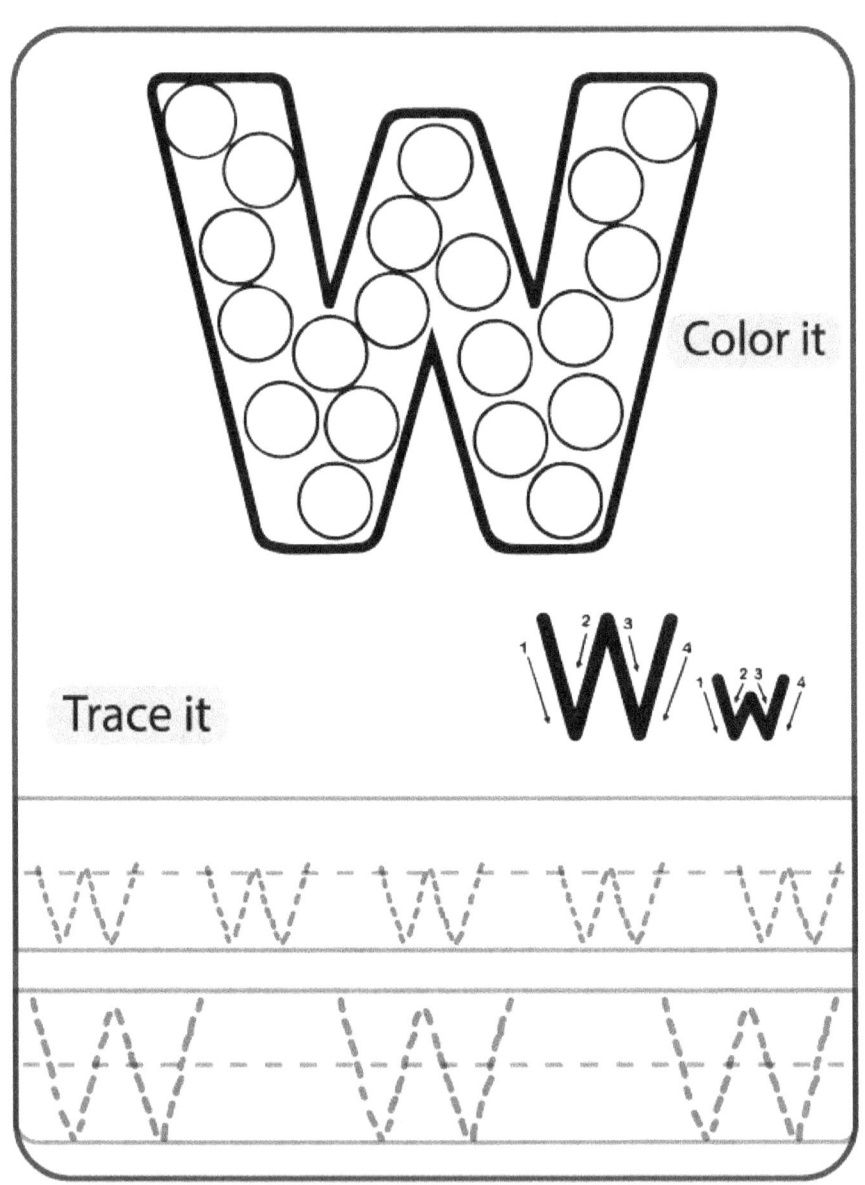

Color it

Trace it

W

WISE MEN

Color it

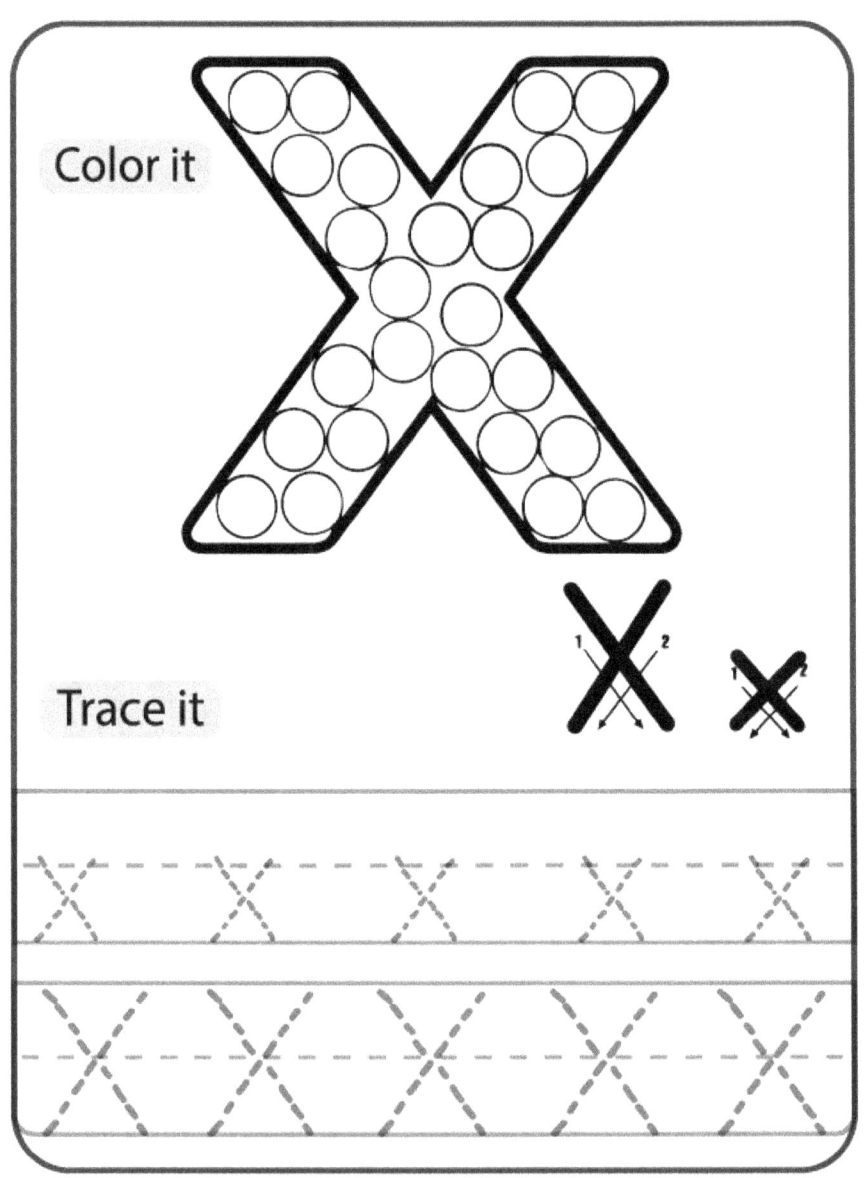

Trace it

X

CRUCIFIX

Color it

Trace it

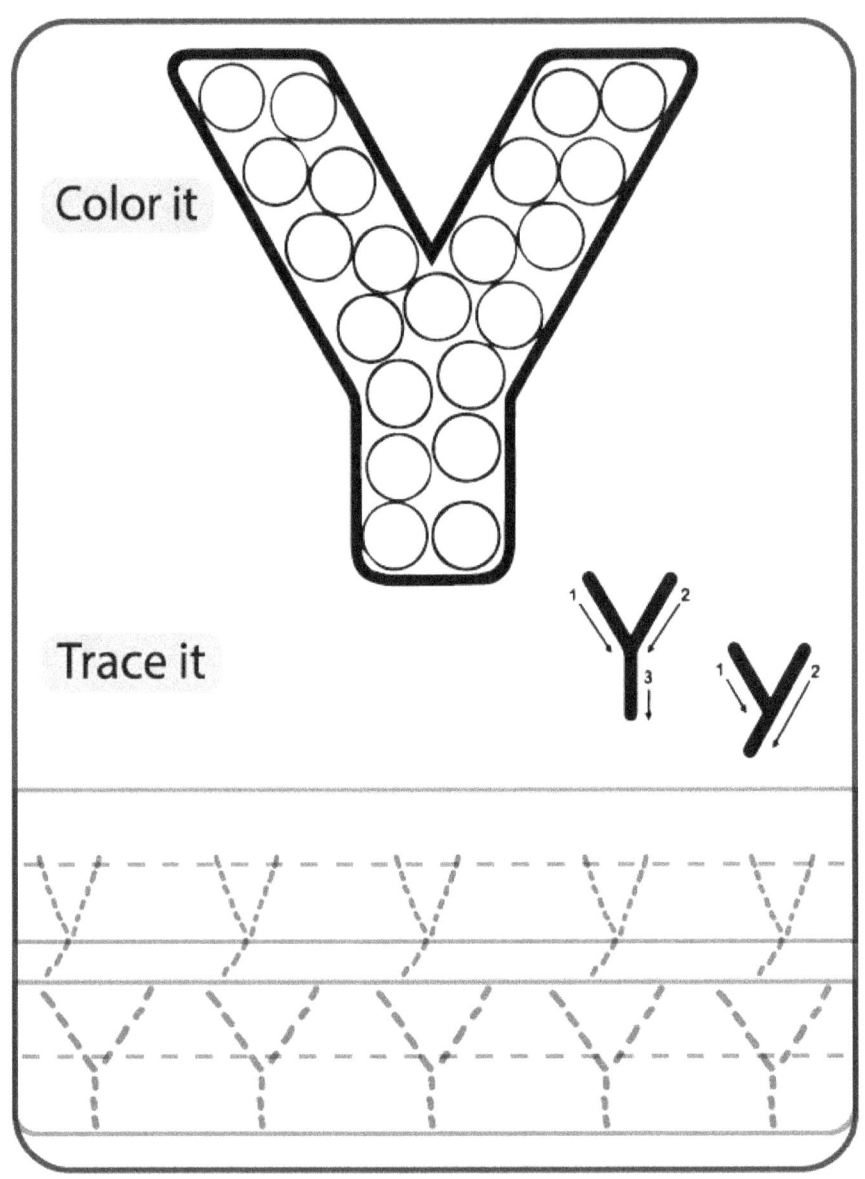

Y

YAHWEH

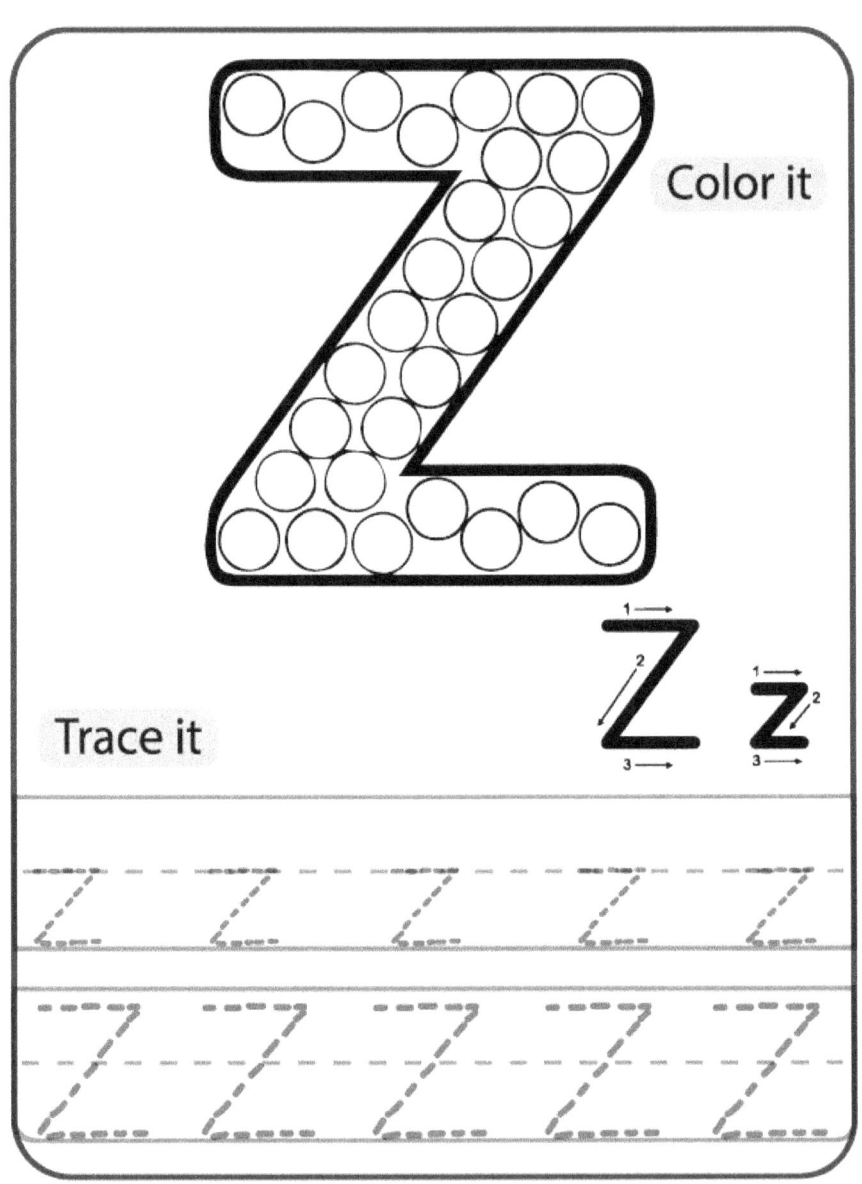

Color it

Trace it

Z

ZION

Color it

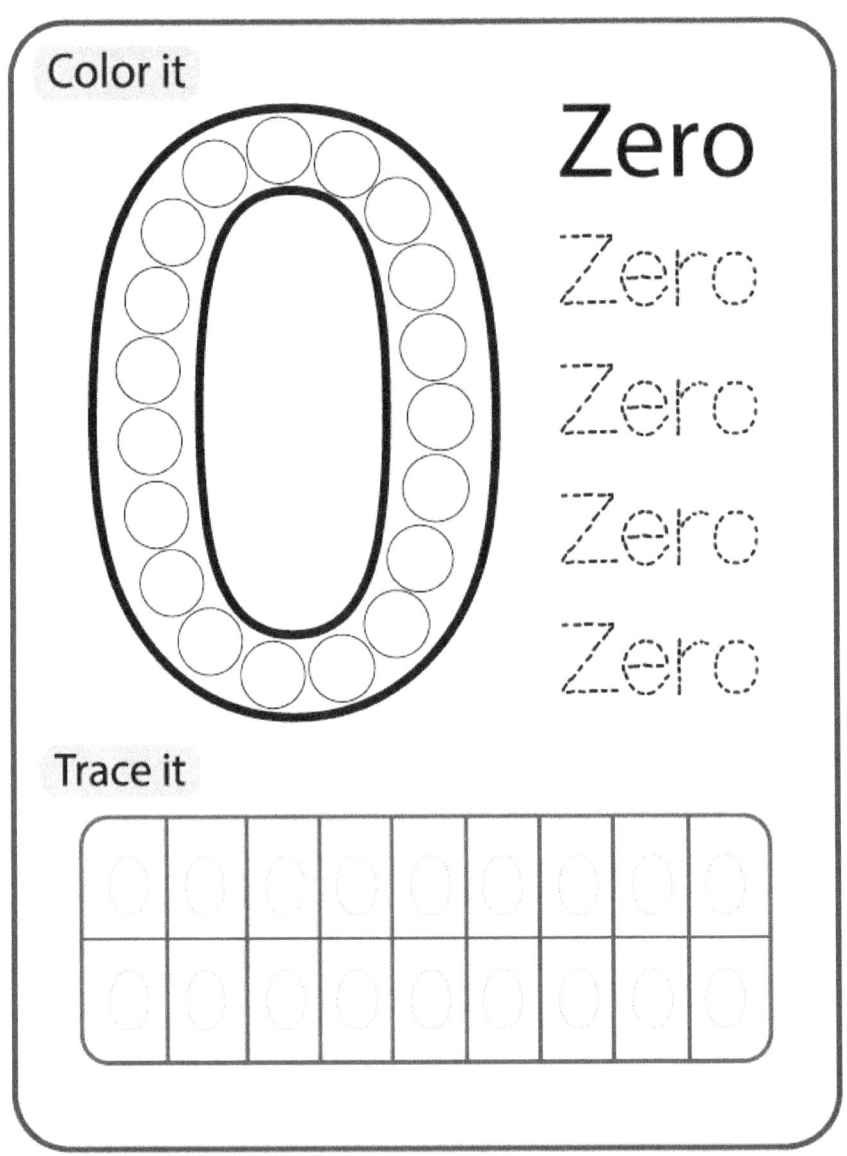

Zero

Zero

Zero

Zero

Zero

Trace it

62

Color it

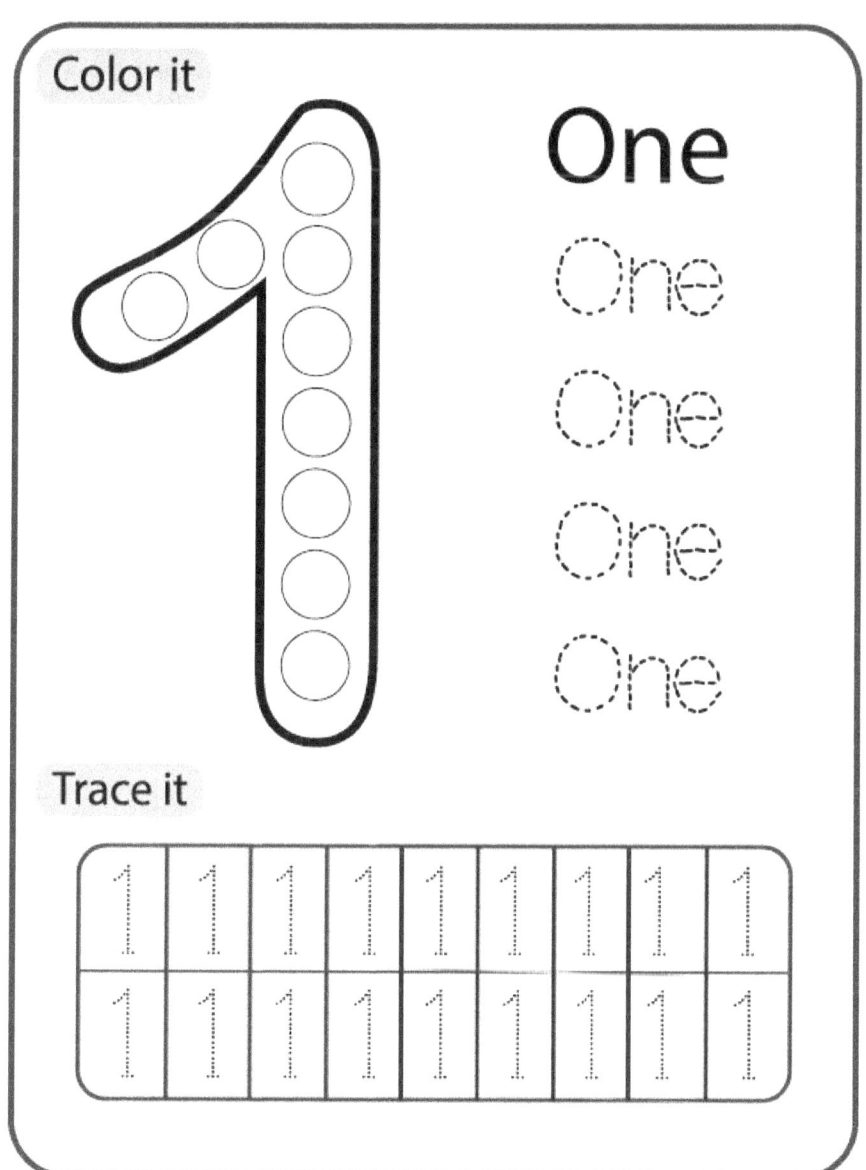

One
One
One
One
One

Trace it

Color it

Two

Two
Two
Two
Two

Trace it

Color it

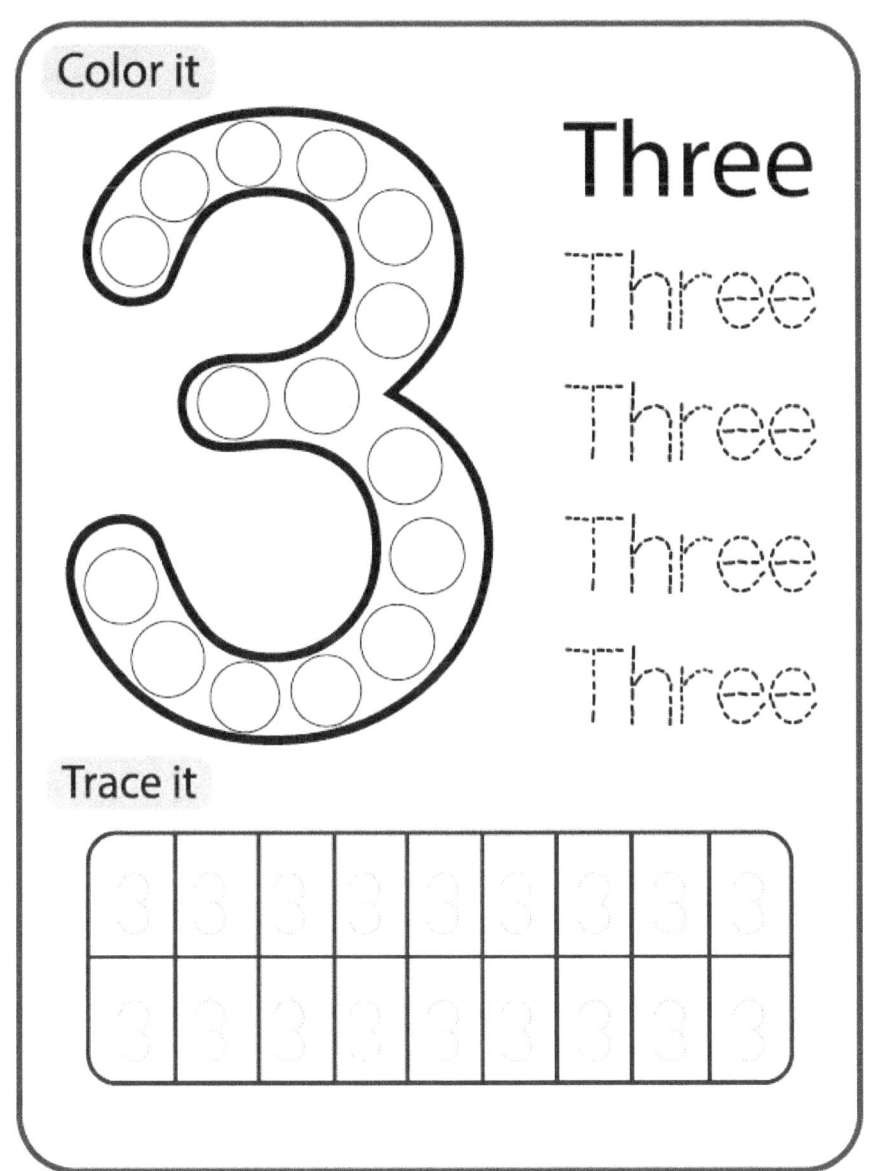

Three

Three
Three
Three
Three

Trace it

Color it

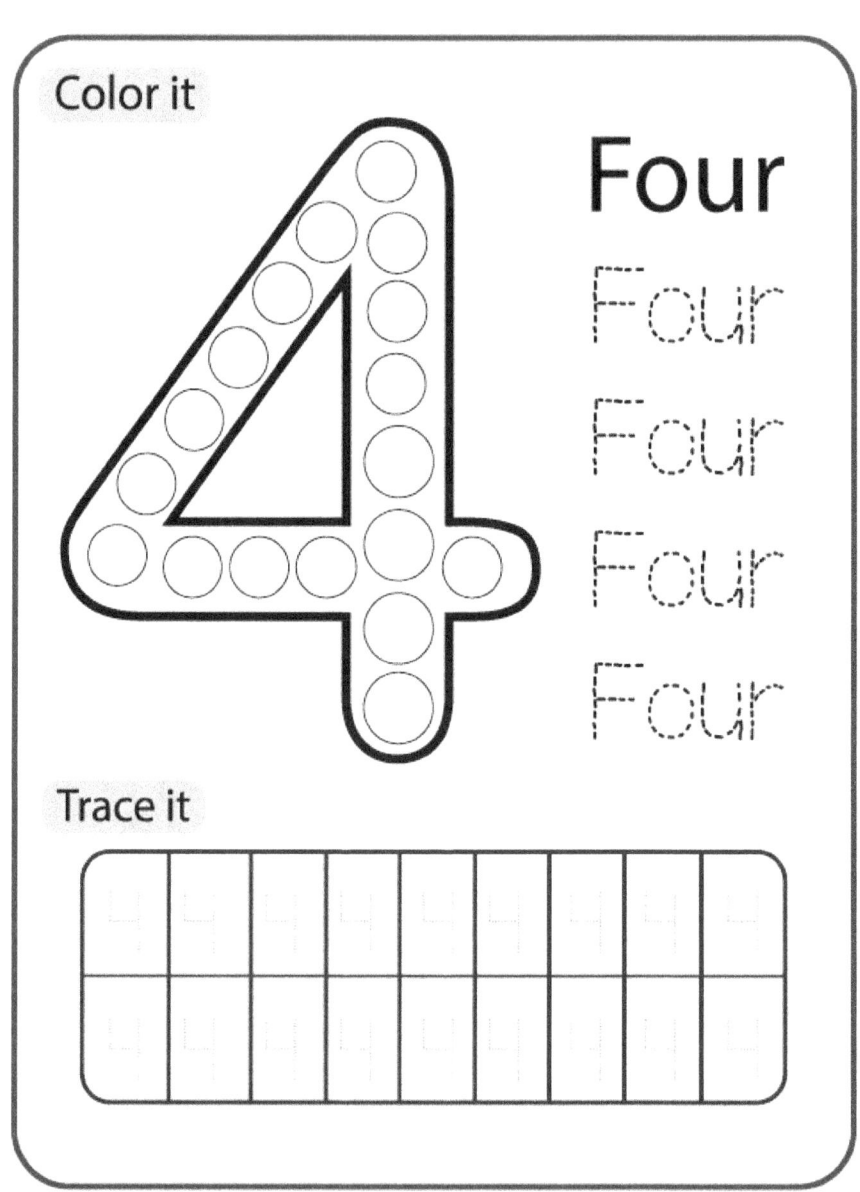

Four

Four

Four

Four

Four

Trace it

Color it

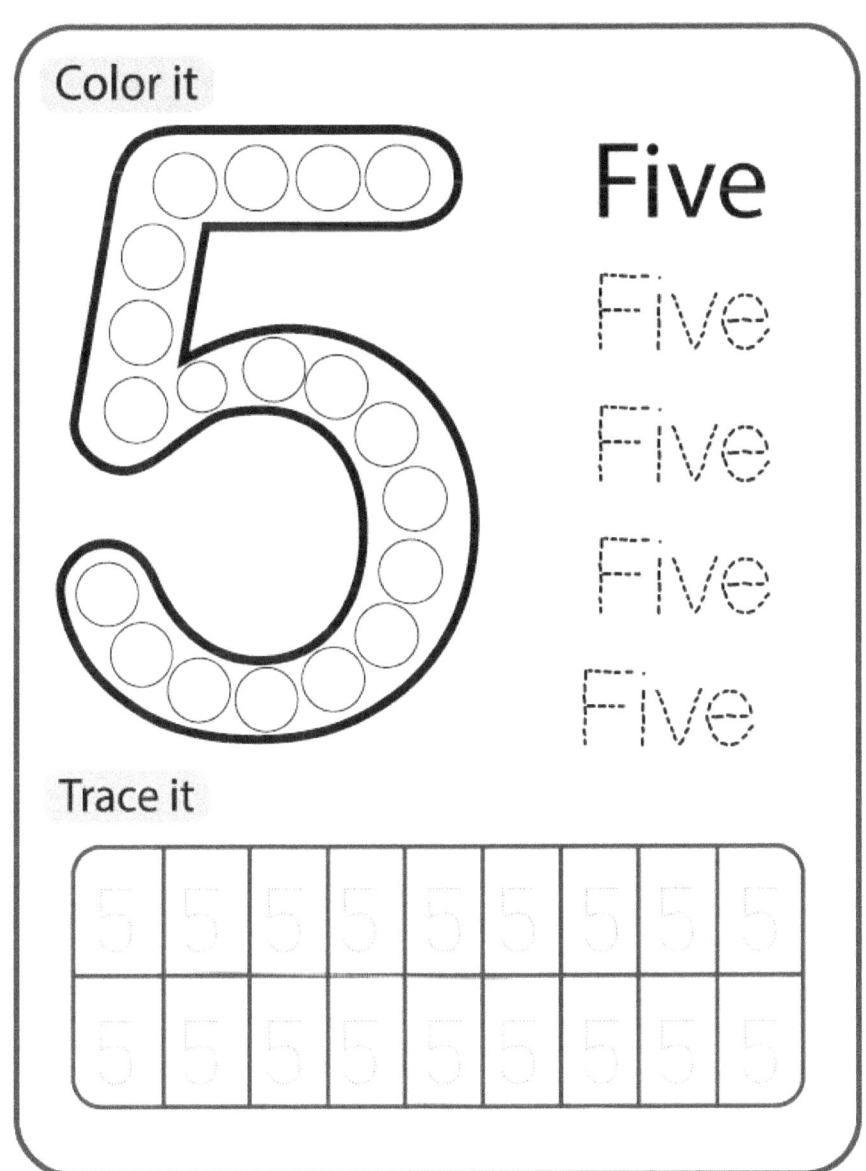

Five

Five
Five
Five
Five

Trace it

Color it

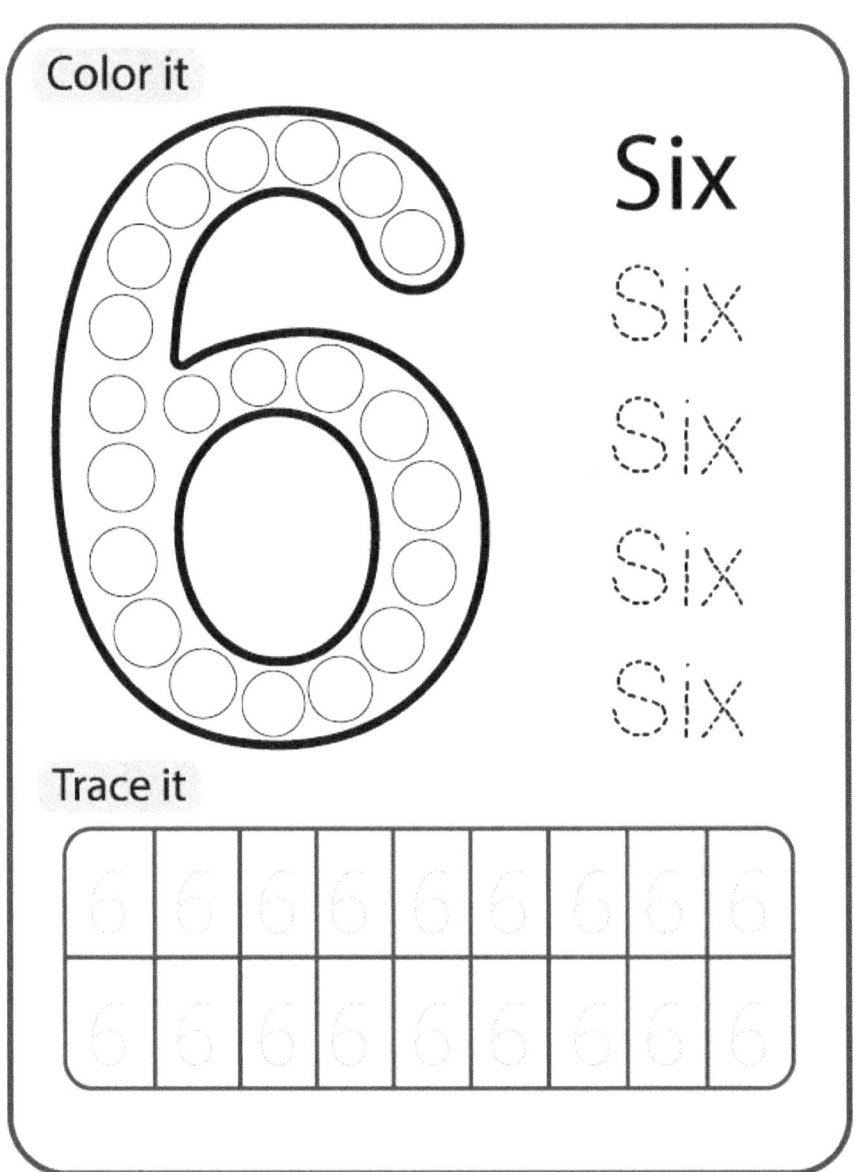

Six

Six

Six

Six

Six

Trace it

Color it

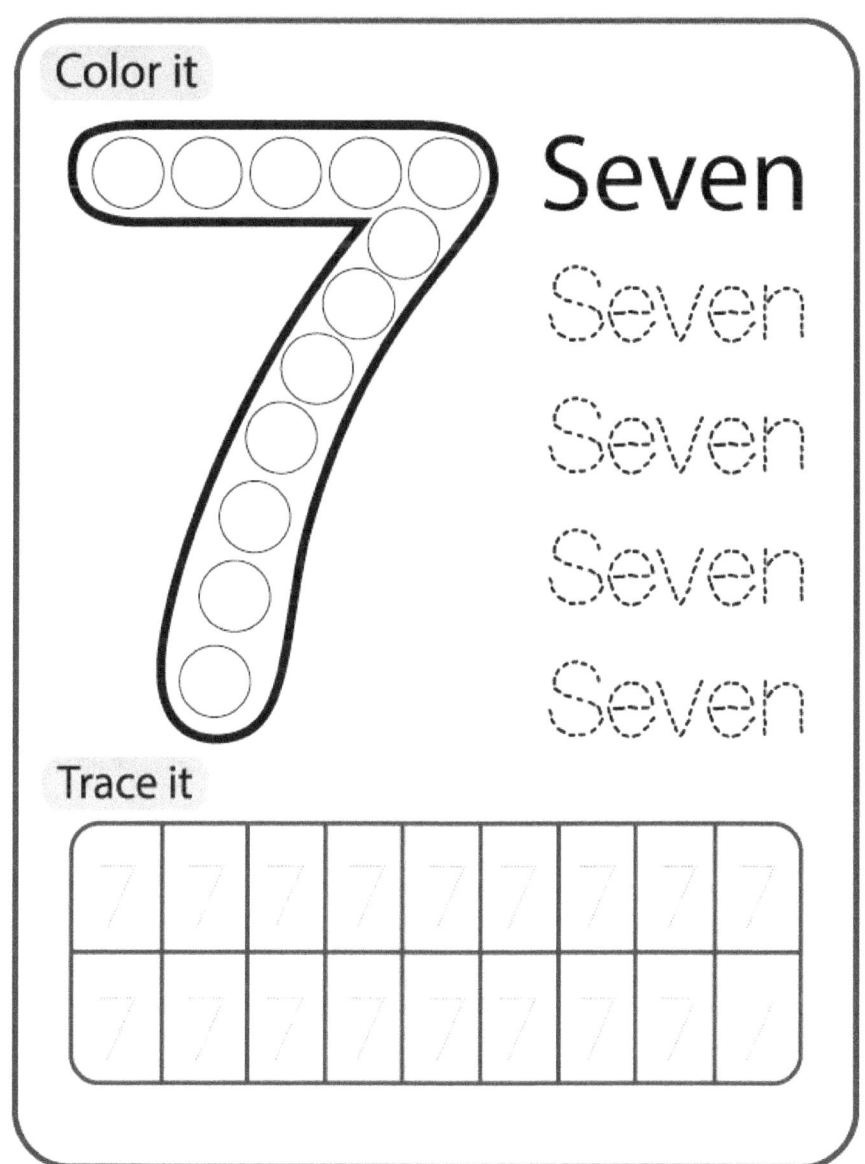

Seven

Seven

Seven

Seven

Seven

Trace it

Color it

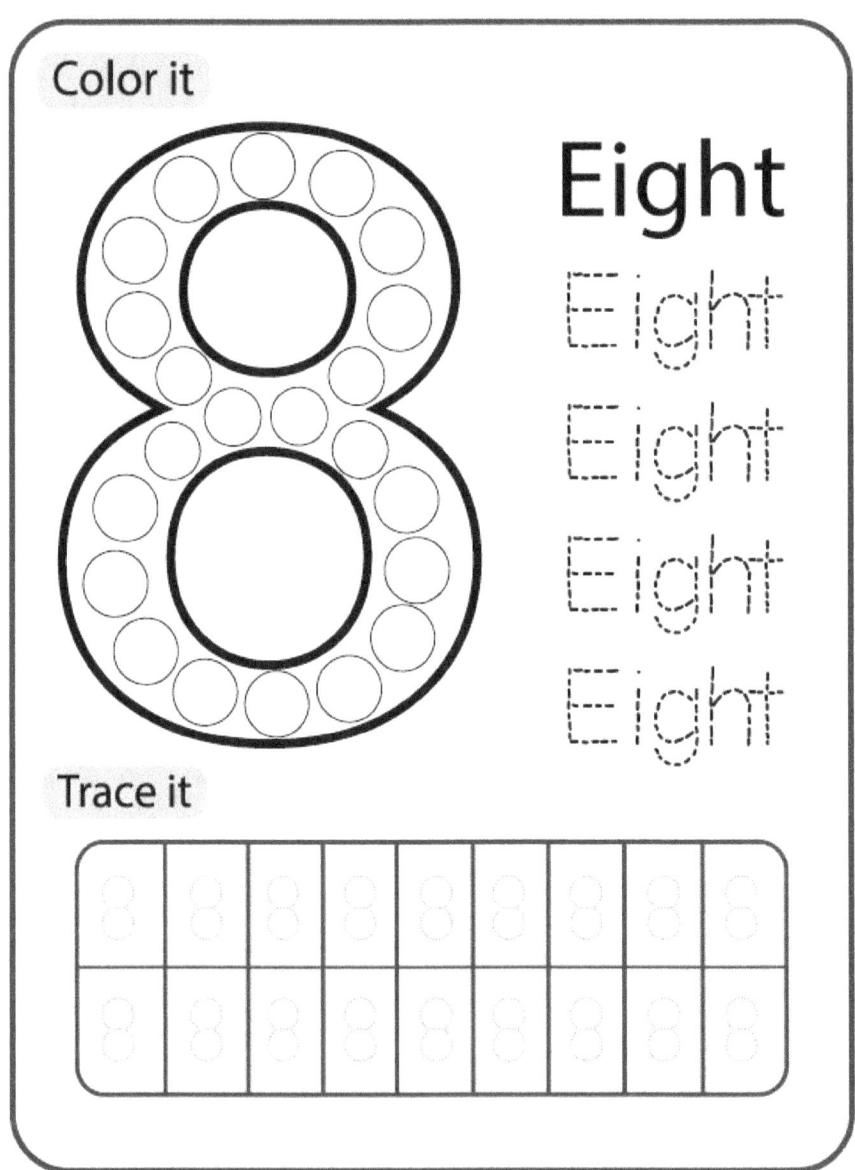

Eight

Eight

Eight

Eight

Eight

Trace it

Color it

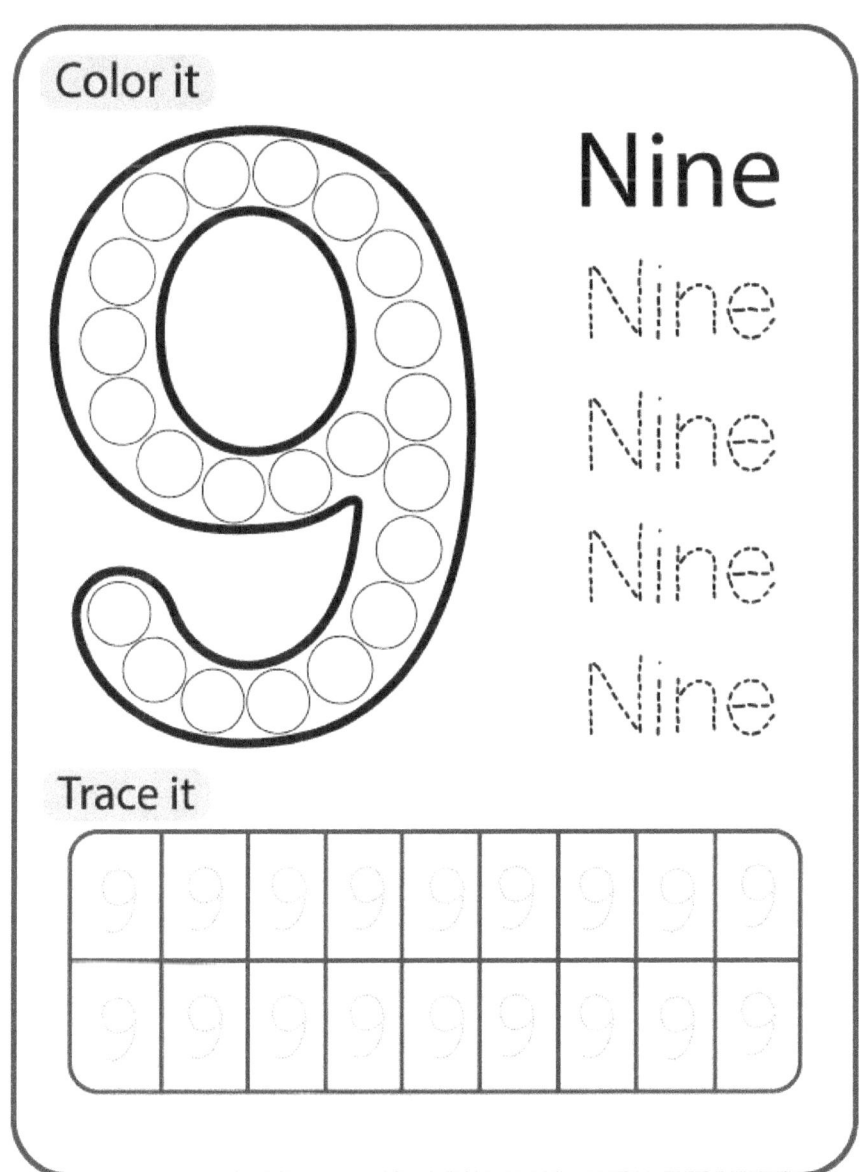

Nine

Nine

Nine

Nine

Nine

Trace it

Colossians 3:20

Children, obey your parents in

everything, for this pleases the Lord.

Children, obey your parents in

everything, for this pleases the Lord.

Philippians 4:13

I can do all this through him who gives me strength

I can do all this through him who gives me strength

I can do all this through him who gives me strength

Ephesians 4:32

Be kind and compassionate to one
another, forgiving each other, just as in Christ
God forgave you

Luke 6:31

Do to others as you would have them do to you.

1 John 4:19

We love because he first loved us.

We love because he first loved us.

We love because he first loved us.

Genesis 1:1

In the beginning God created the heavens and the earth.

In the beginning God created the heavens and the earth.

In the beginning God created the heavens and the earth.

Psalms 107:1

Give thanks to the LORD, for he is good; his love endures

forever.

Give thanks to the LORD, for he is good; his love endures

forever.

Proverbs 13:20

Walk with the wise and become wise, for a
companion of fools suffers harm

Walk with the wise and become wise, for a
companion of fools suffers harm

Deuteronomy 6:6–9

These commandments that I give you today

are to be on your hearts.

These commandments that I give you today

are to be on your hearts.

1 Corinthians 16:14

Let all that you do be done in love.

Let all that you do be done in love.

Let all that you do be done in love.

1 John 4:19

We love because he first loved us.

We love because he first loved us.

We love because he first loved us.

Proverbs 10:12

Hatred stirs up strife, but love covers all

Hatred stirs up strife, but love covers all

Hatred stirs up strife, but love covers all

Matthew 28:20

I am with you always, even to the end of

the age.offenses.

I am with you always, even to the end of

the age.offenses.

No matter what we do, God will always

love us

No matter what we do, God will always

love us

God pours His love into our hearts through

the Holy Spirit

God pours His love into our hearts through

the Holy Spirit

All love comes from God

God wants us to love Him with our
whole heart

God wants us to love Him with our

Just like God loves us, we should love
each other

Whatever you do, do everything for the glory of God

"I am the light of the world. Whoever follows me will never walk in darkness

The heavens declare the glory of God

The heavens declare the glory of God

Animal Heart Alphabet A - E

Directions: Trace the lines to match the upper and lower case letters. Then, color!

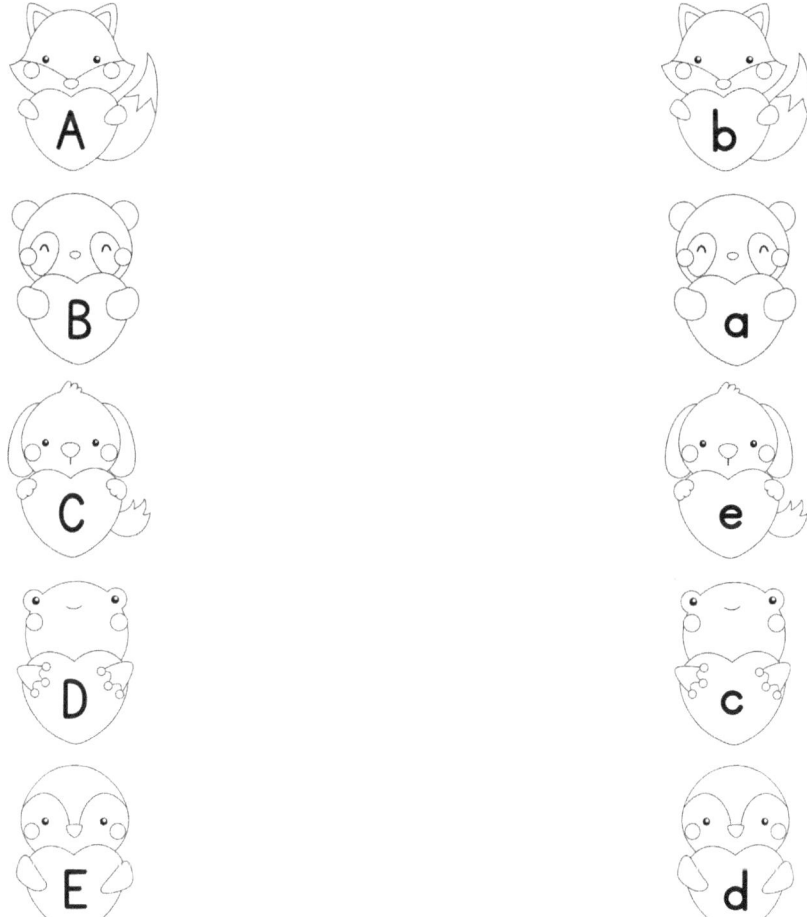

93

Animal Heart Alphabet F - J

Directions: Trace the lines to match the upper and lower case letters. Then, color!

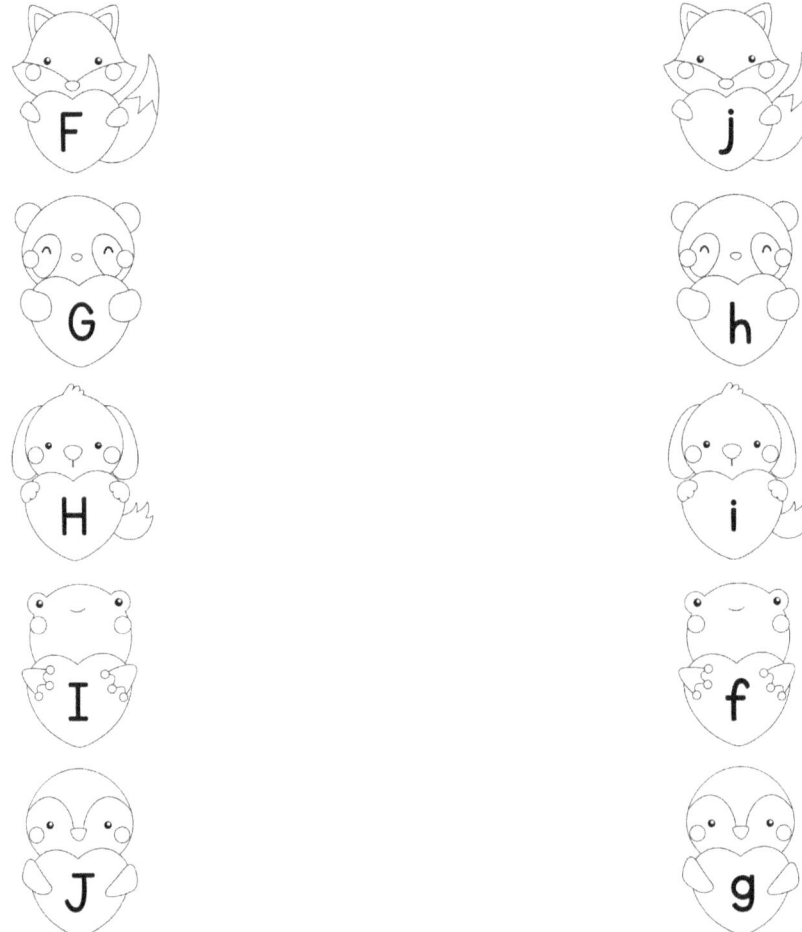

Animal Heart Alphabet K - O

Directions: Trace the lines to match the upper and lower case letters. Then, color!

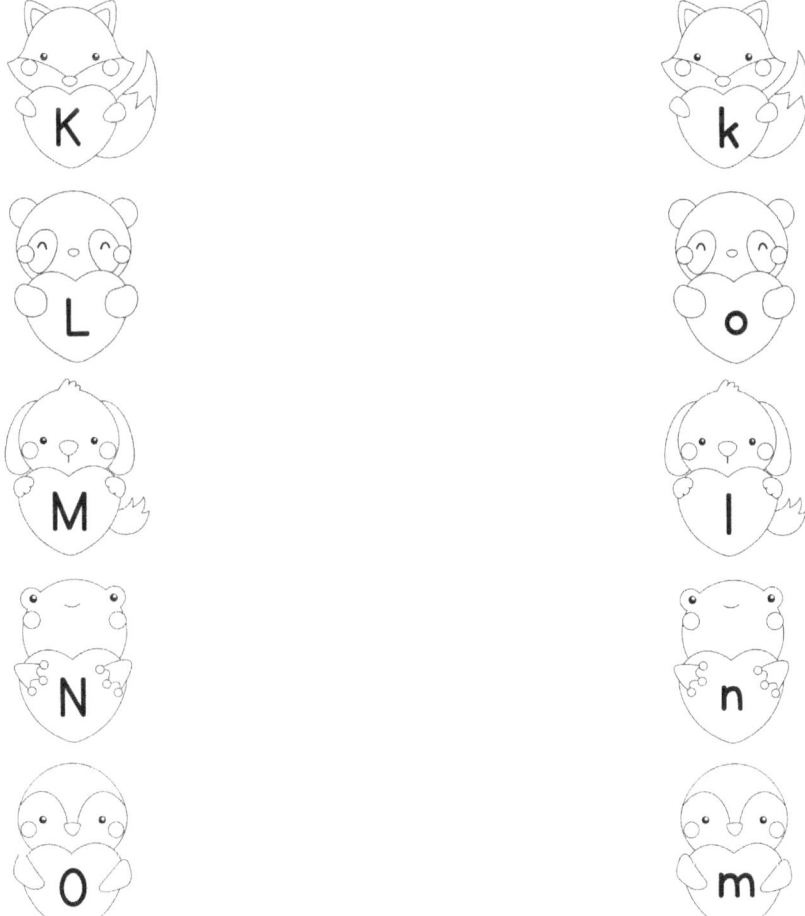

Animal Heart Alphabet P - T

Directions: Trace the lines to match the upper and lower case letters. Then, color!

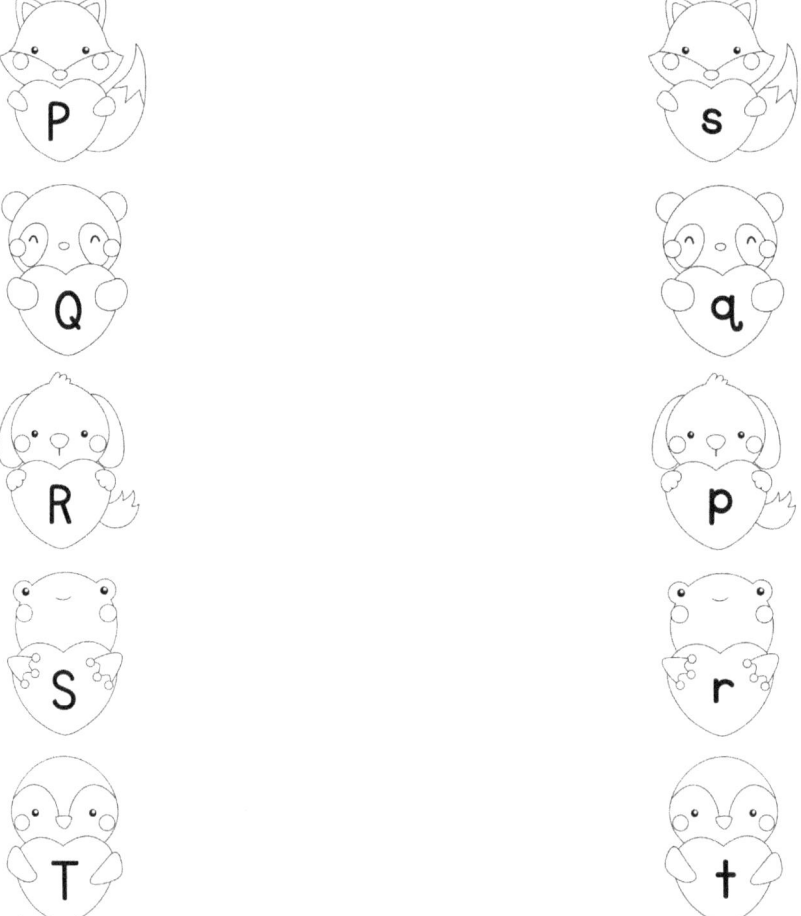

Animal Heart Alphabet U - Z

Directions: Trace the lines to match the upper and lower case letters. Then, color!

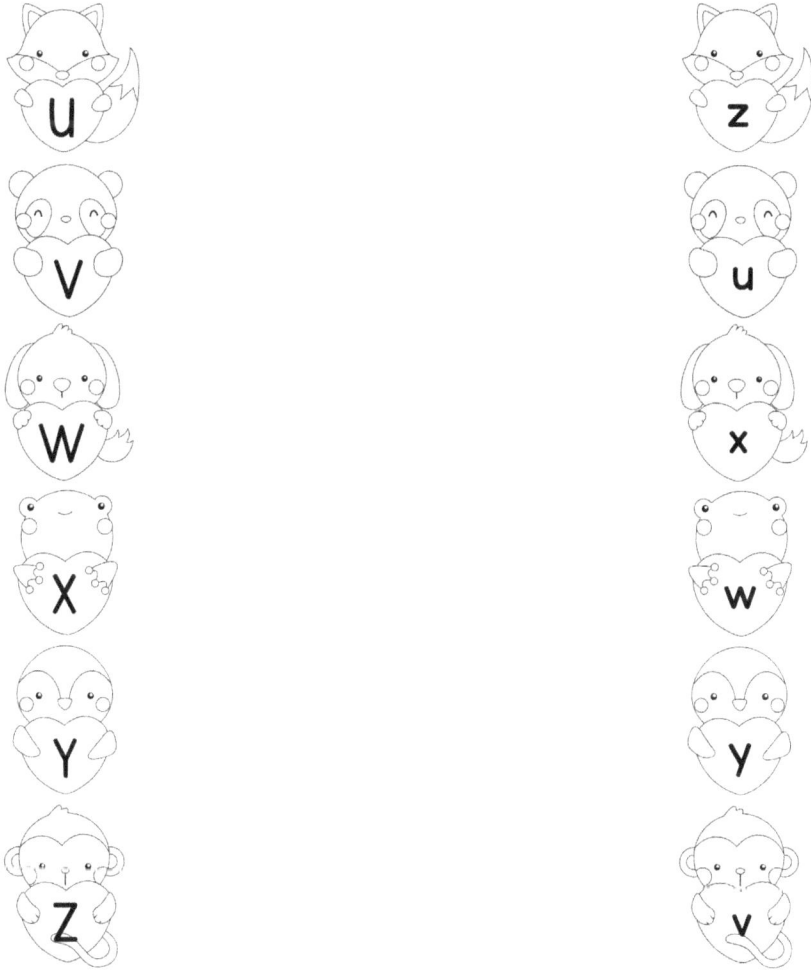

Saturday

Sunday

TRACE AND COLOR

Hippo

Bear

Bear

Dog

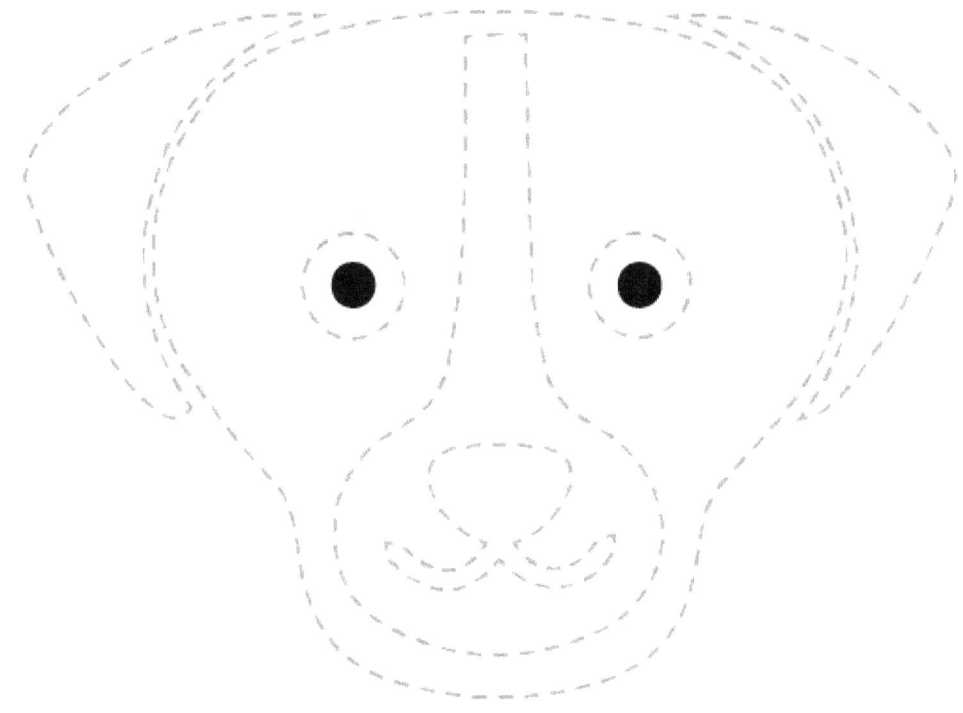

Lion

Elephant

Tiger

Bird

Monkey

Frog

Owl

Cat

Rabbit

Sheep

Pig

Strawberry

Apple

Pineapple

Cherry

Watermelon

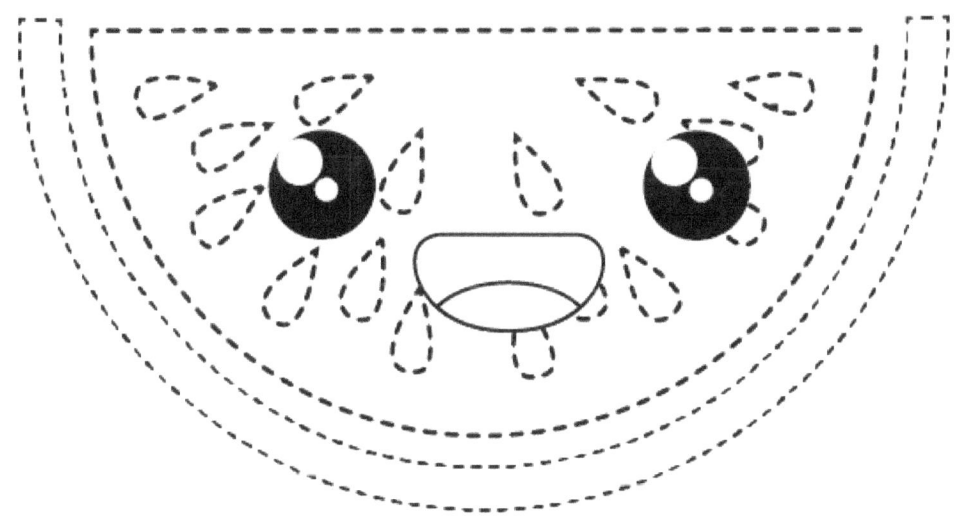

Grapes

Mazes
Find your way out

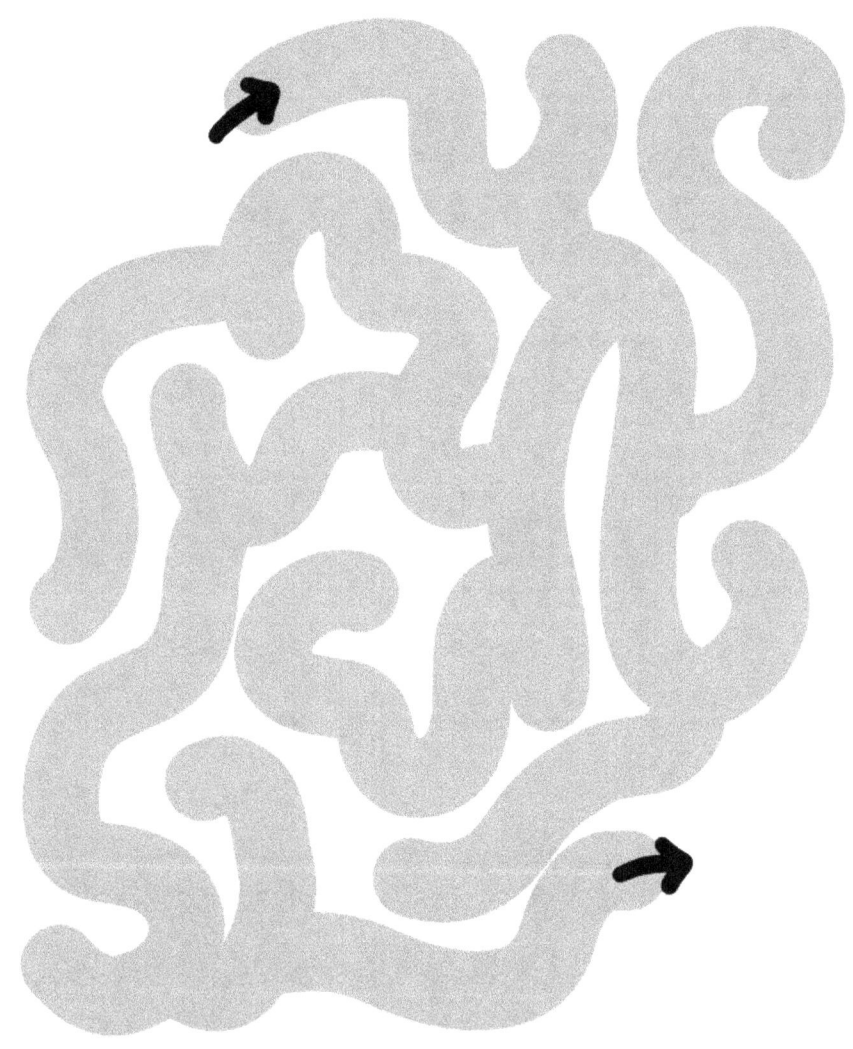

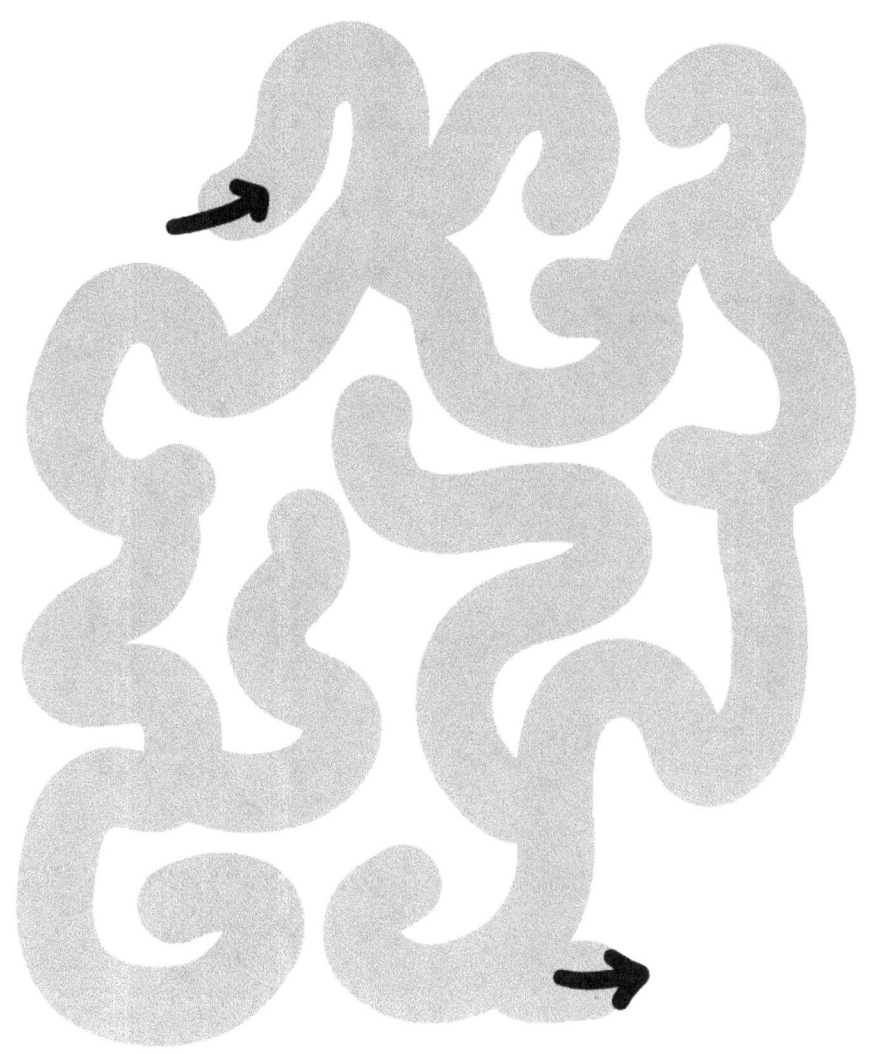

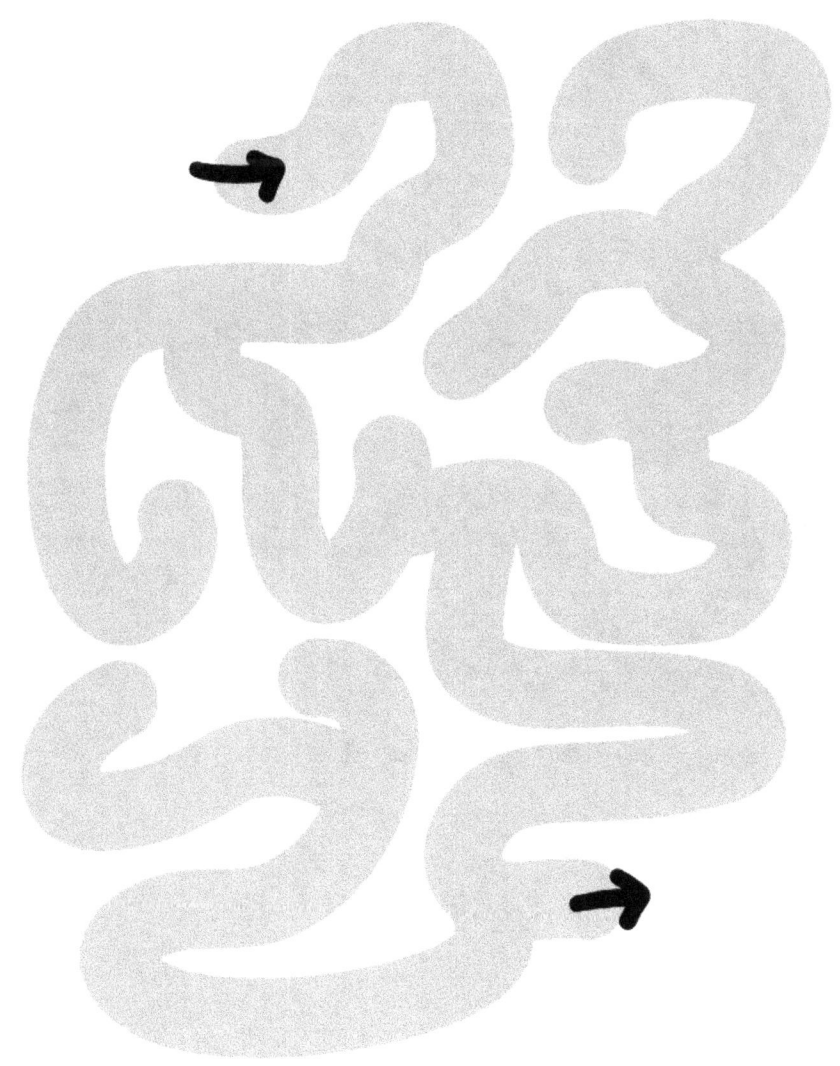

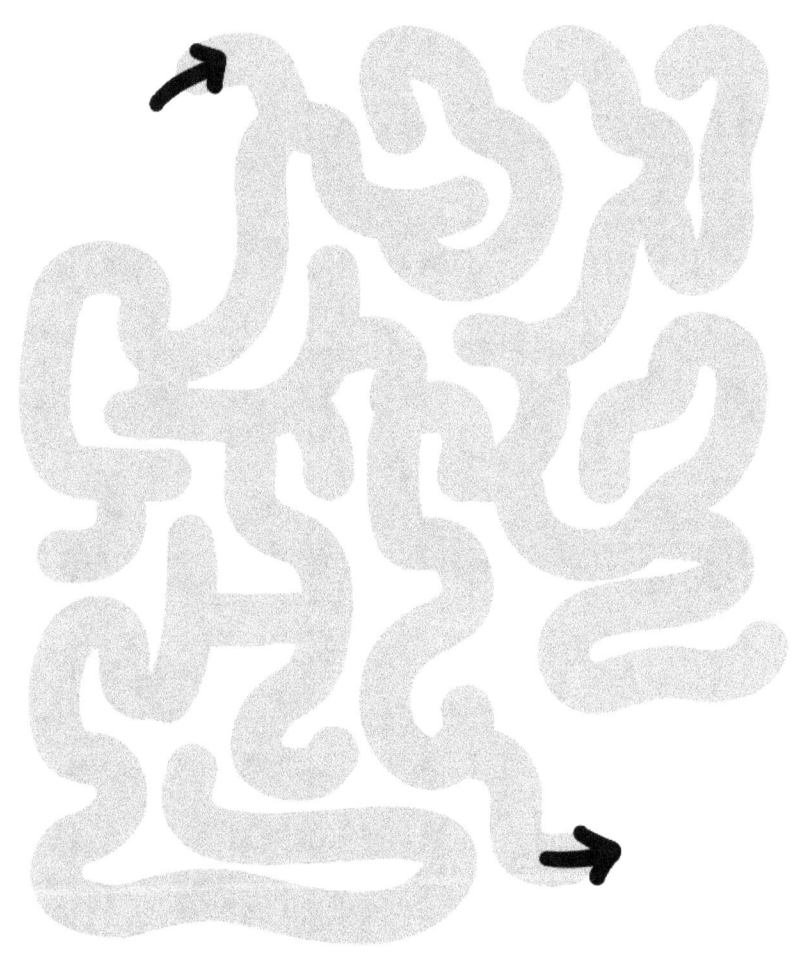

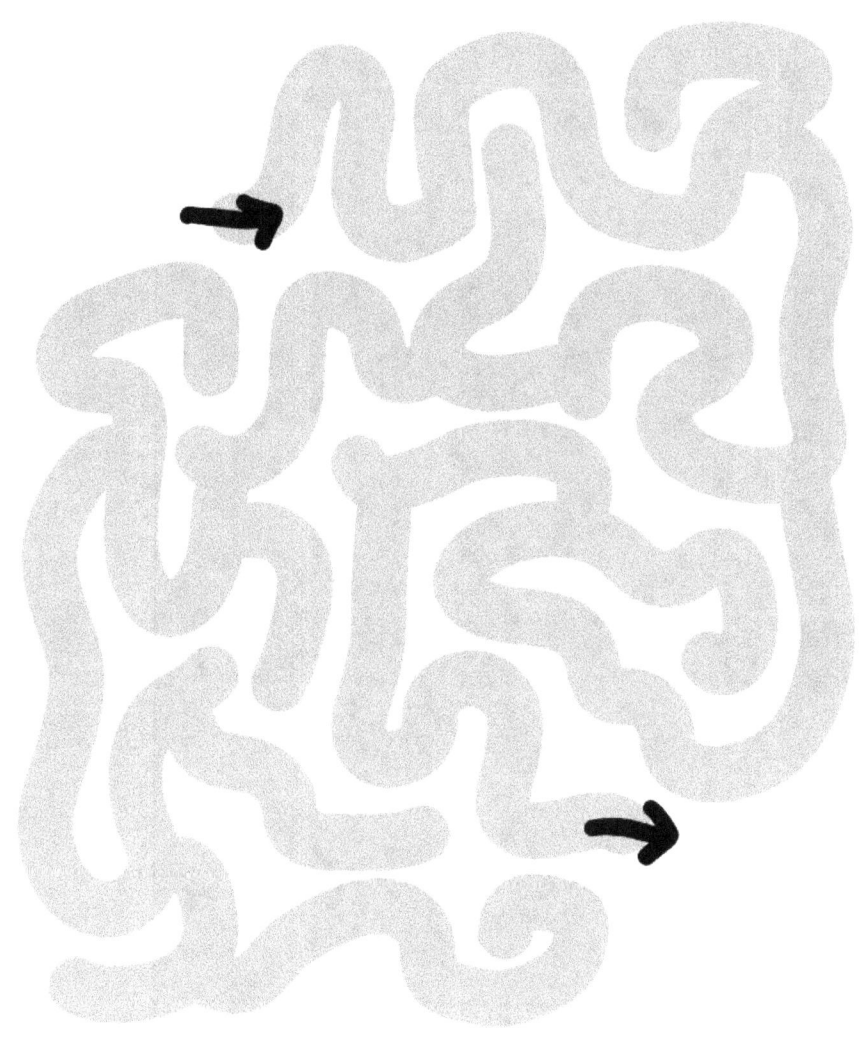

131

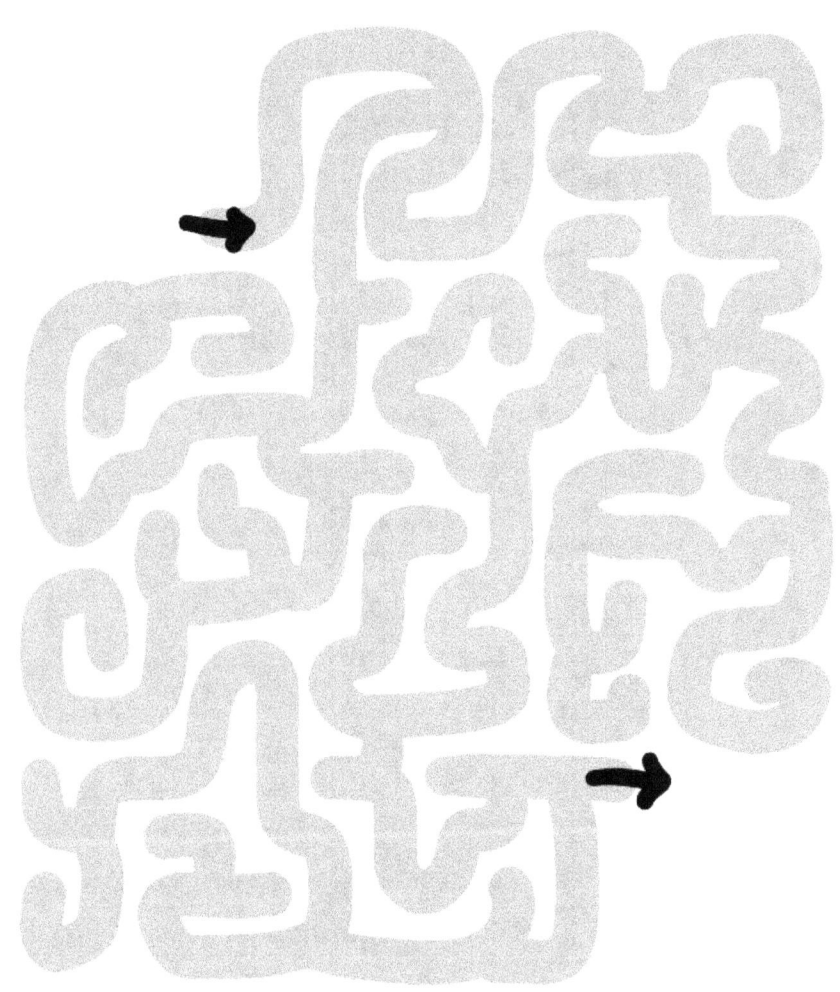

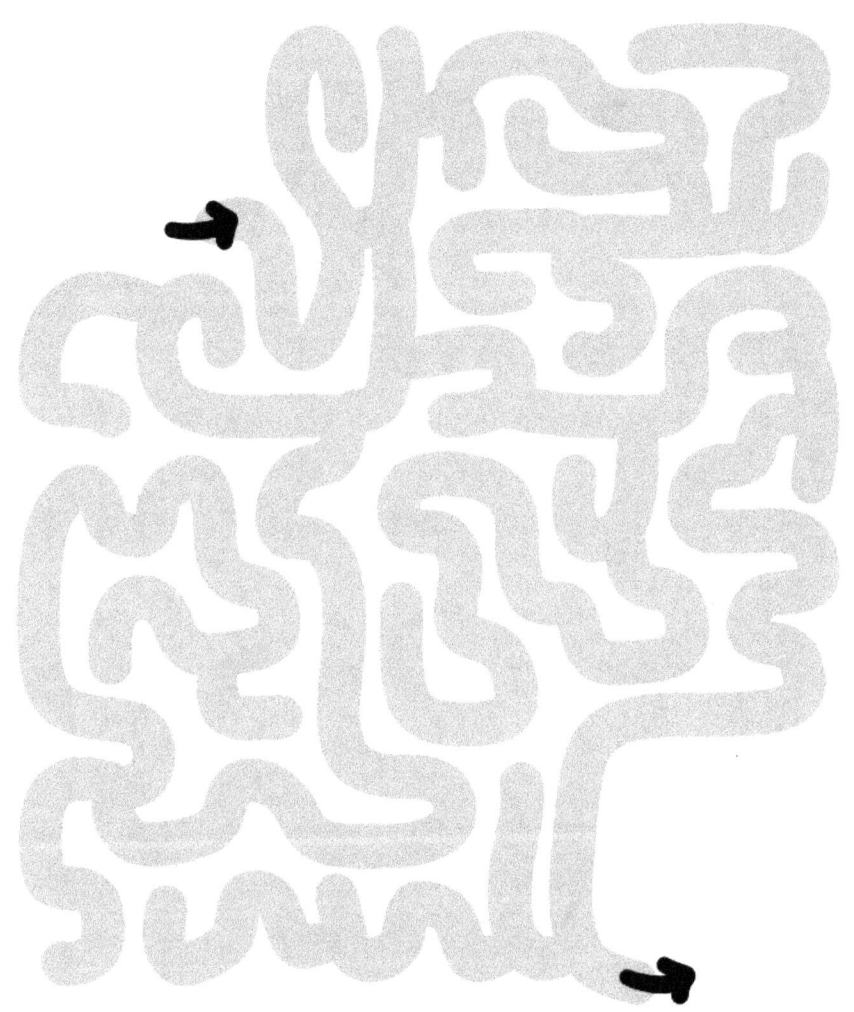

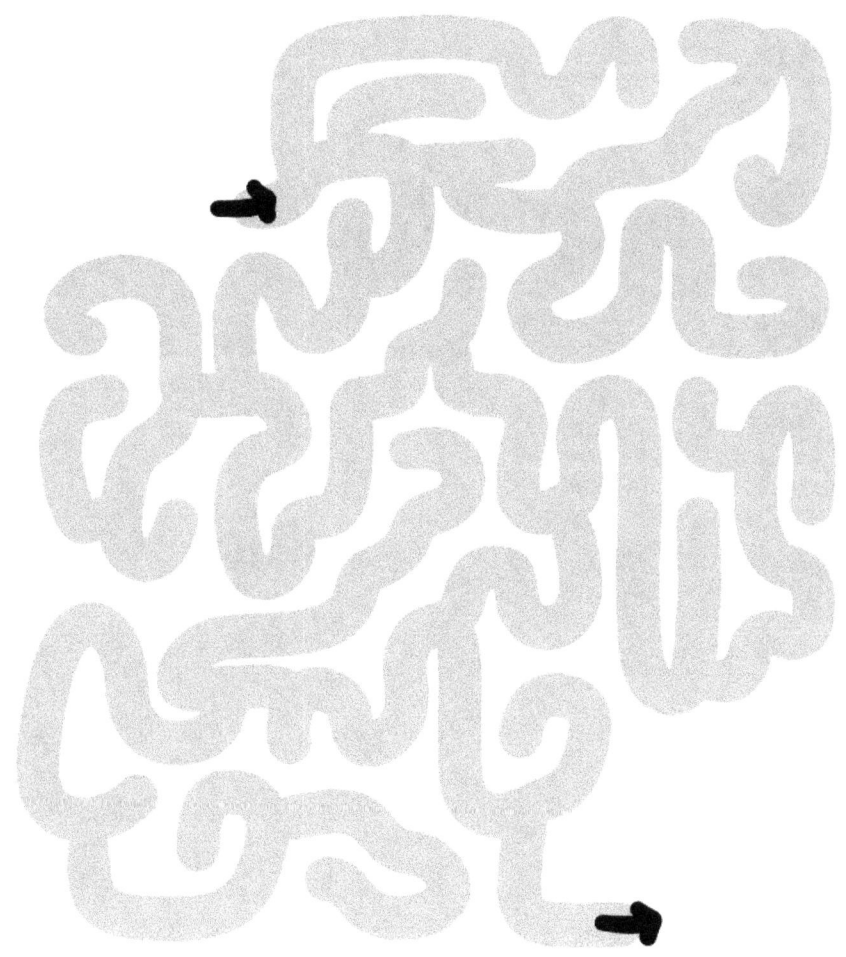

144

147

TASK

Draw a face and then colour it

TASK

Give a
flower or
a card
to someone
you
love!

I'M WITH YOU!

TASK
PAINT A FACE

Draw the
heaven
above

TASK

Tic tac toe

Two person game each player takes turn putting an X or an O the first one to get three in a row **wins**

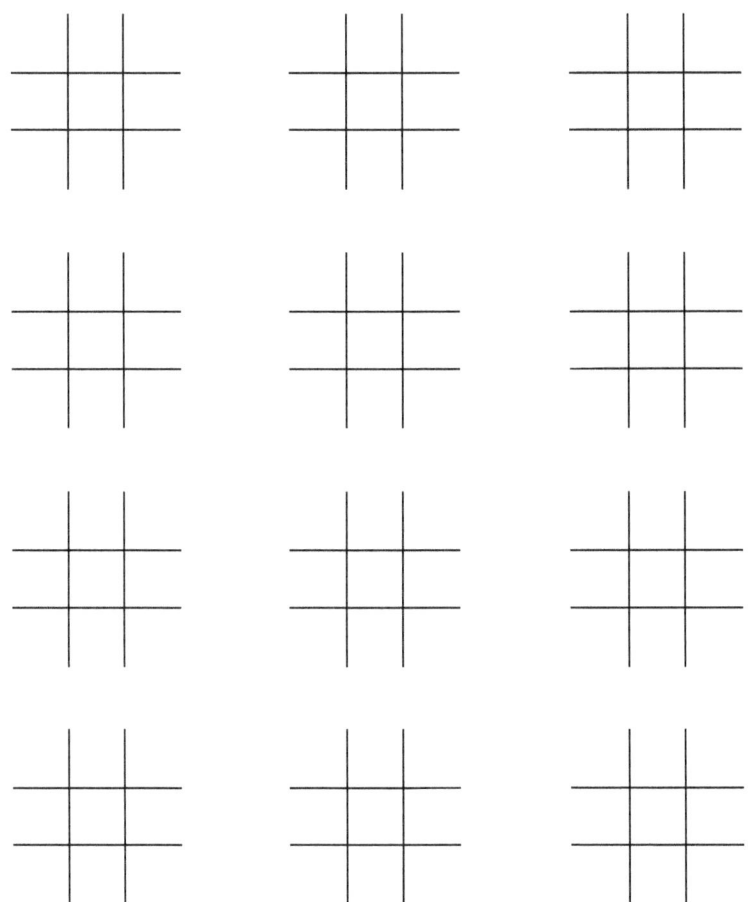

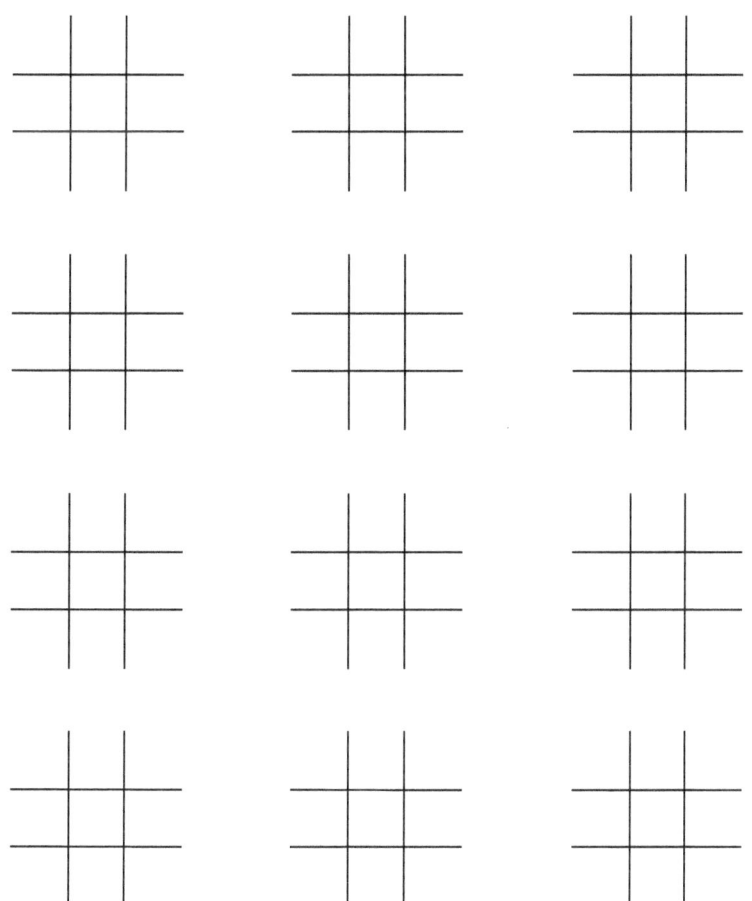

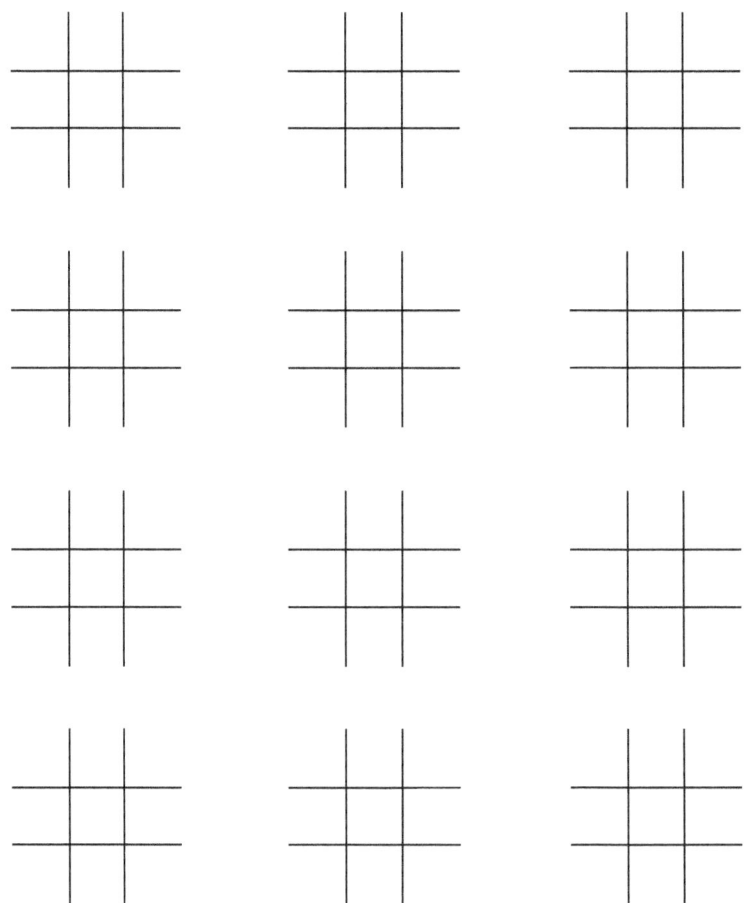

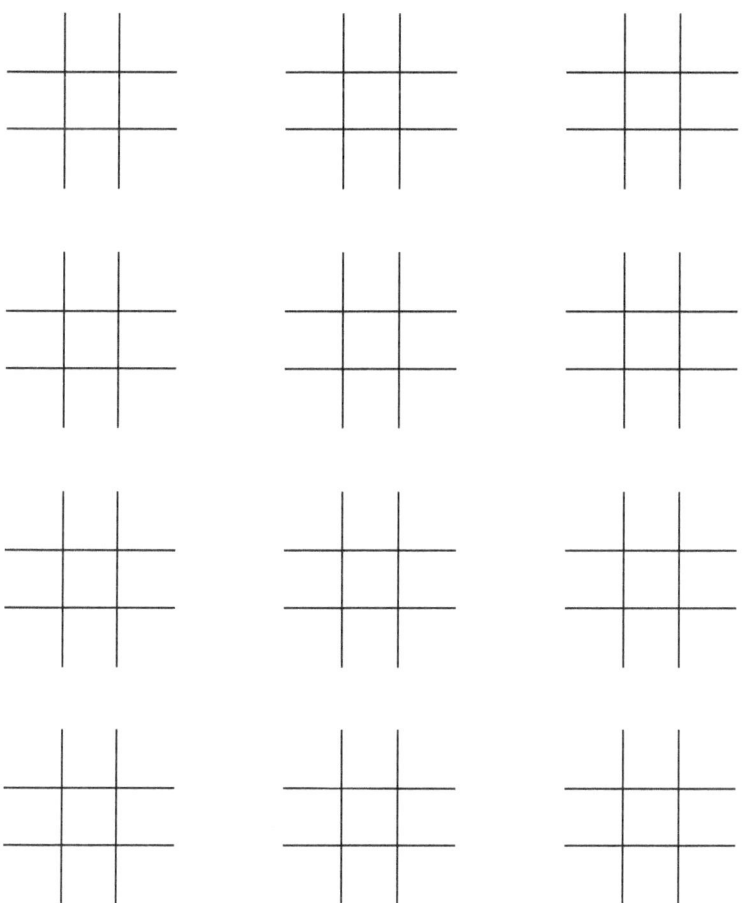

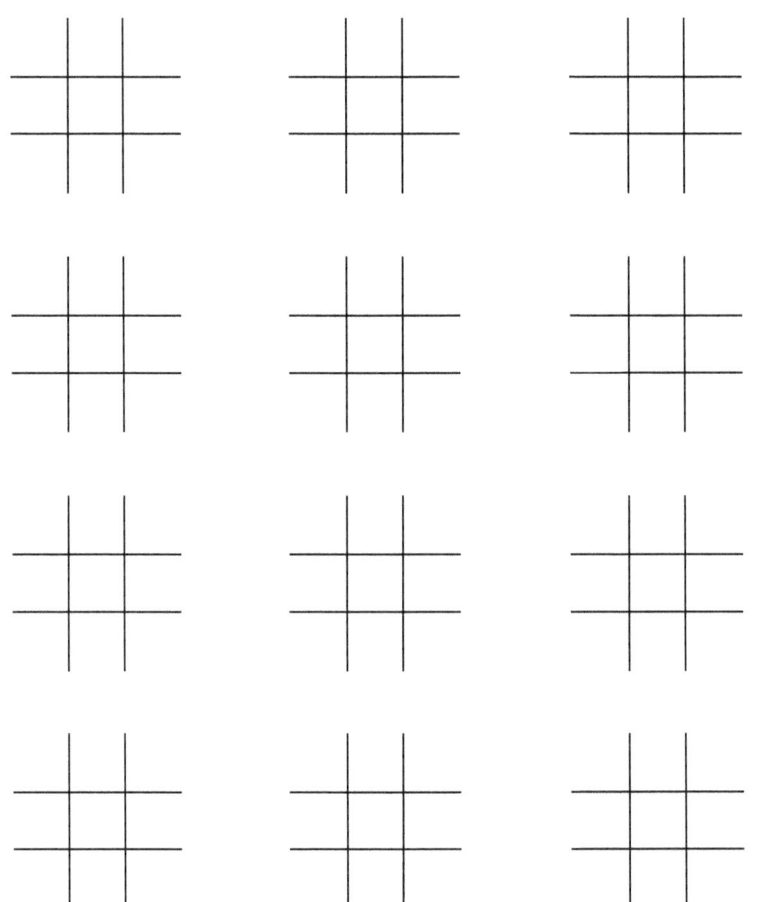

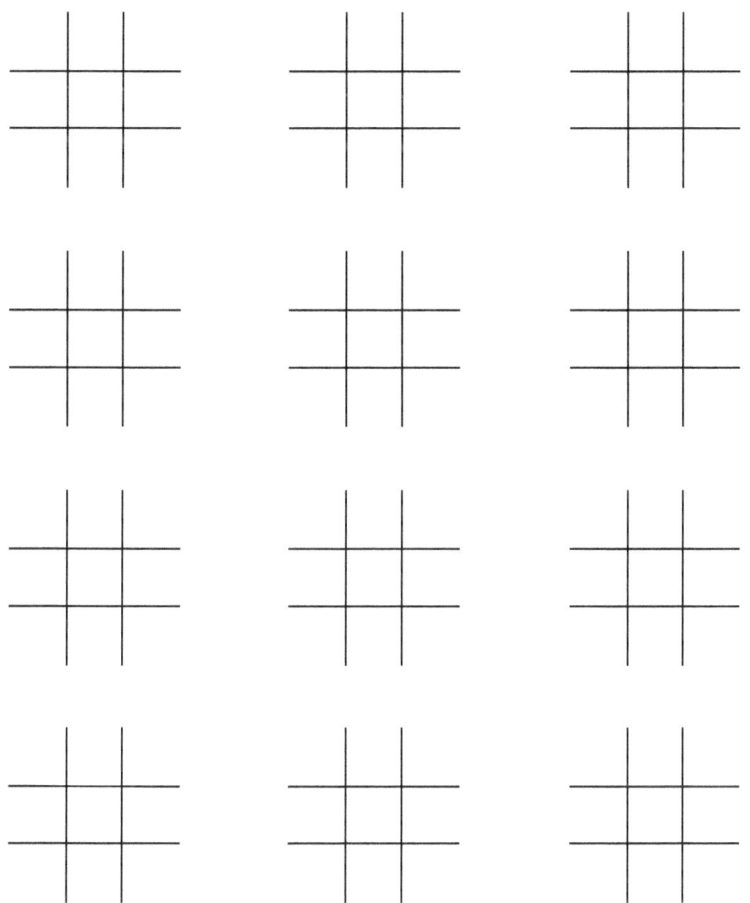

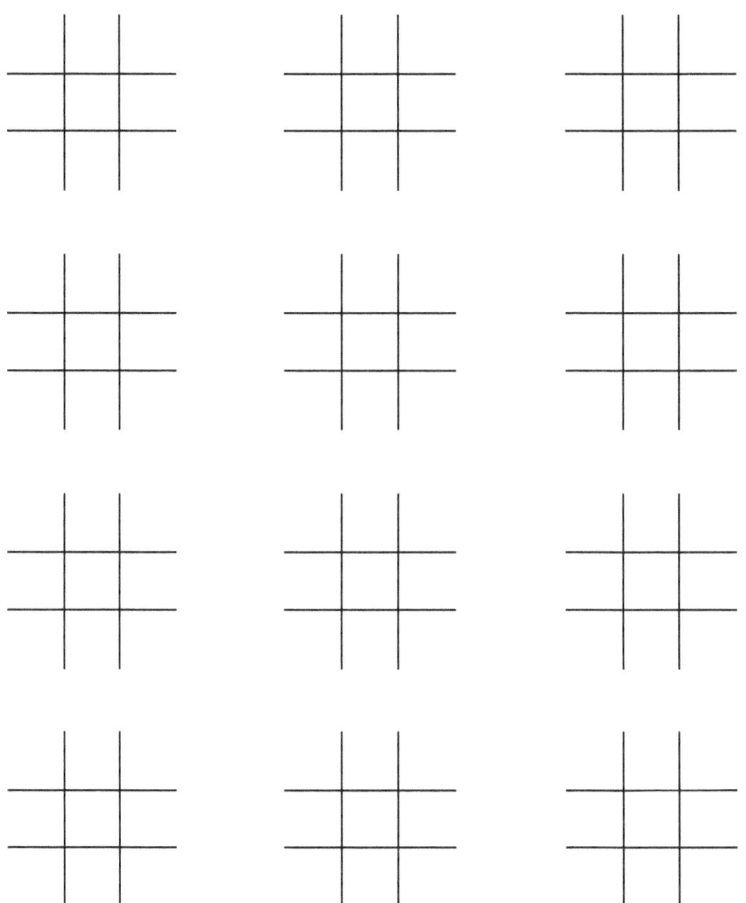

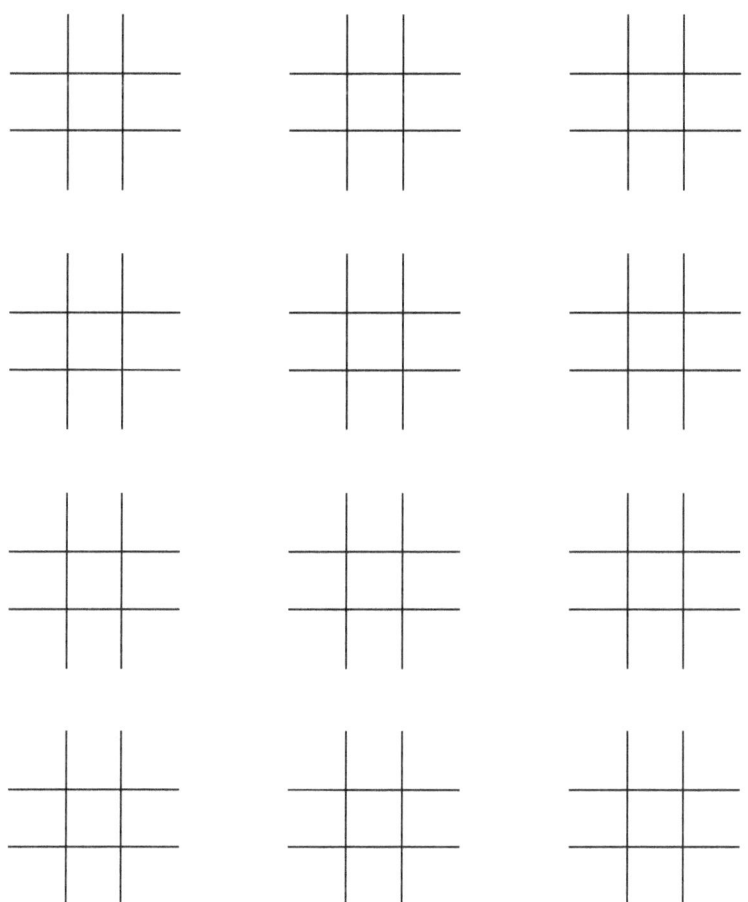

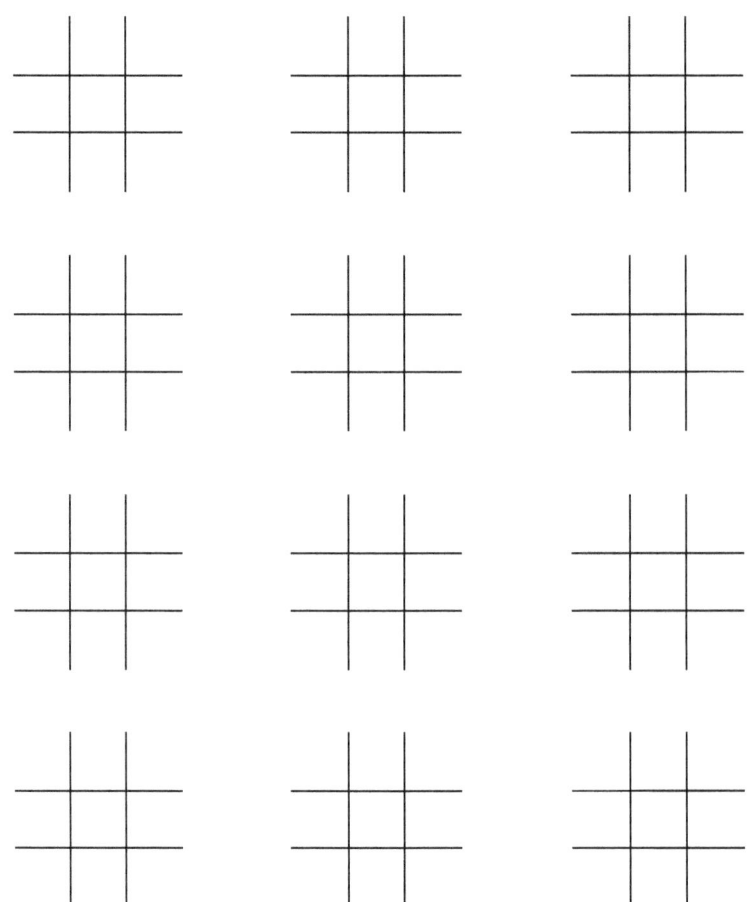

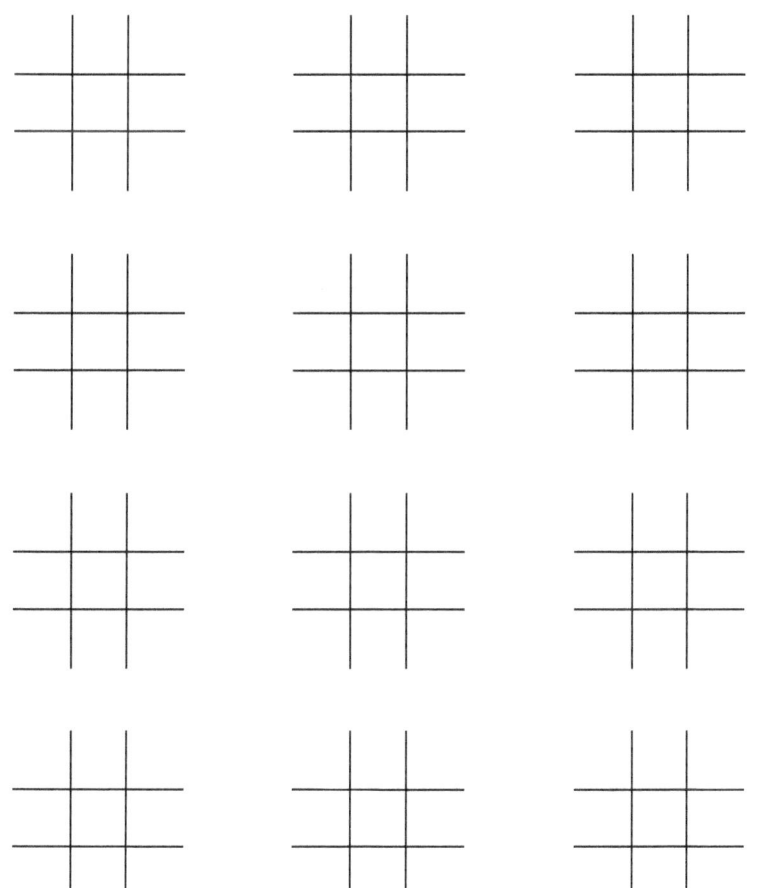

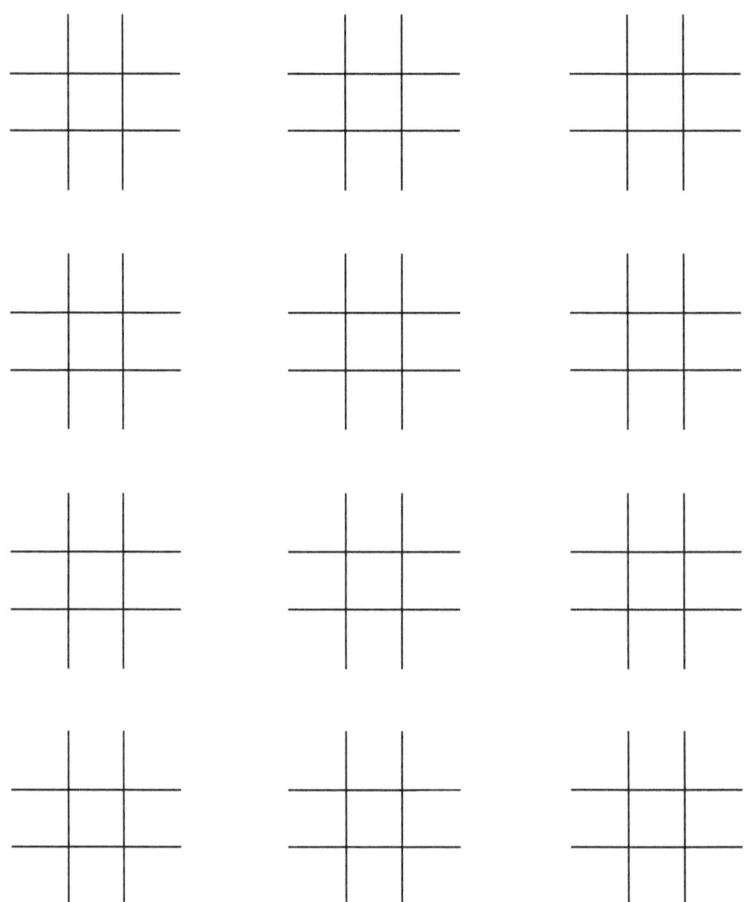

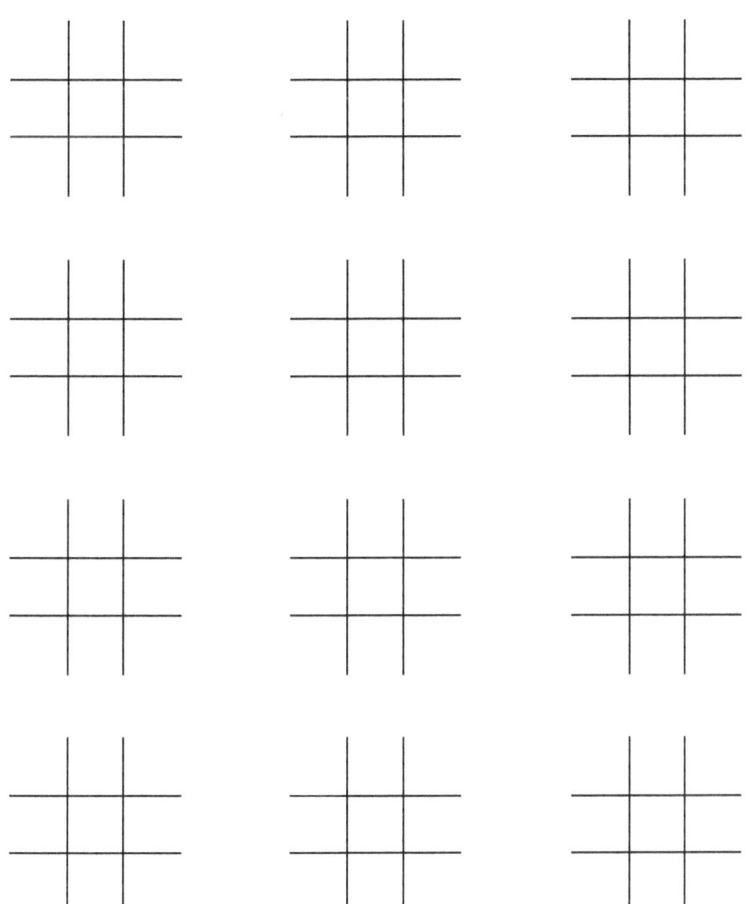

Colors

```
Y  A  F  G  F  S  M  R  Y  E  R  N
K  V  I  L  P  R  W  E  L  R  P  Y
B  K  B  Z  W  Y  I  D  C  E  M  E
L  Q  G  R  E  E  N  B  P  M  V  L
U  H  D  S  N  P  K  R  P  T  K  L
E  W  O  H  X  F  M  O  I  M  R  O
A  L  R  E  Z  X  P  W  N  L  P  W
T  E  A  U  L  I  W  N  K  J  Z  F
A  M  N  O  J  Q  B  H  J  R  S  L
I  C  G  B  L  A  C  K  I  I  K  Z
V  B  E  Z  V  L  L  C  H  T  U  A
O  J  B  K  O  U  Z  T  C  B  E  R
```

BLACK	BLUE	BROWN
GREEN	ORANGE	PINK
RED	WHITE	YELLOW

Fall

```
W  S  V  Y  C  G  X  I  A  J  C  I
K  C  J  P  L  E  A  F  O  J  R  Y
S  H  Z  A  I  Q  X  X  E  D  S  G
Q  O  R  K  C  R  P  N  I  K  M  L
E  O  A  A  O  K  R  F  A  L  L  G
F  L  C  J  K  O  E  K  Q  T  S  I
G  B  K  X  C  E  G  T  K  V  G  J
W  A  K  A  T  D  R  T  G  A  L  V
L  Y  P  Q  Q  U  H  N  R  G  G  F
F  Q  N  P  U  M  P  K  I  N  B  F
O  B  R  B  L  I  L  D  D  Q  S  Y
Y  C  R  X  S  E  X  L  N  I  J  Q
```

ACORN	APPLE	FALL
JACKET	LEAF	PUMPKIN
RAKE	SCHOOL	

Farm Animals

```
B O F U M F T Y O J B N
V G R T I C B G I H G T
A E G K U I G E O D F W
G L S Q Q R E P N A K J
O H I U H U K L I O T N
D X J I O C M E W G E Z
W O S B R O N G Y K Q R
N K N H S W R A B B I T
H Z T K E X D J T L T L
T T V I E E Q P U X T
G Q O W Y Y P F Q L O Q
C H I C K E N O W B L Z
```

CHICKEN   COW   DONKEY
GOAT   HORSE   PIG
RABBIT   SHEEP   TURKEY

Geometry

```
Q  P  W  N  F  Z  J  X  N  Z  S  L
F  H  J  Y  P  Z  E  P  K  O  P  V
L  O  F  I  X  L  H  U  C  E  H  S
S  O  Z  T  C  G  T  R  S  R  P  Q
M  N  V  R  I  L  R  M  C  E  E  U
O  Y  I  A  L  R  I  S  O  G  N  A
C  C  M  O  L  X  A  C  N  B  T  R
T  M  A  H  R  H  N  U  E  T  A  E
A  I  L  B  R  K  G  B  L  U  G  F
G  B  K  L  D  N  L  E  W  U  O  Q
O  W  H  A  L  D  E  V  U  M  N  J
N  R  W  S  H  E  X  A  G  O  N  Y
```

CIRCLE	CONE	CUBE
HEXAGON	OCTAGON	OVAL
PENTAGON	SQUARE	TRIANGLE

Spring

```
A  J  J  Z  O  G  R  G  H  N  M  S
O  G  Z  G  G  S  K  B  I  E  U  S
A  W  F  G  Z  D  Y  E  T  T  B  P
O  G  A  L  Q  I  N  F  G  A  U  R
B  I  R  D  O  O  K  V  Q  G  R  I
L  K  H  D  E  W  G  U  E  S  E  N
L  R  U  L  N  H  E  L  G  H  B  G
K  D  M  I  B  Q  D  R  V  M  J  B
F  Z  A  Q  U  C  X  G  A  T  B  V
J  R  N  J  D  M  K  L  Q  M  V  Z
Y  R  H  T  X  W  X  R  N  U  R  I
Y  B  C  C  V  J  V  I  W  K  Y  J
```

BIRD	BUD	EGG
FLOWER	LAMB	NET
RAIN	SPRING	

Winter

```
N V F I N I V J L E S N
Q H A E S D M I L B Y G
R Z F K C C B I Y Q Z R
J S V D V D A X S O M J
Z W I H L C W R T R Q E
Q I U O L D O S F T O W
K N C S Y J O A J W O P
M T H E W R M P T U B R
T E Q O F I E L O Z T N
R R N D C C I L E W C J
Z S Q Z I Y A G L M E X
M I G L O O Y Q K Z A G
```

COAT   COLD   FROST
ICE   IGLOO   SCARF
SNOW   WINTER

Summer

```
P  R  K  E  N  W  A  T  E  R  B  O
D  X  G  H  O  T  R  P  B  L  F  J
Q  X  R  E  C  F  M  J  R  X  X  L
B  P  L  O  O  K  U  E  U  H  W  T
H  S  E  H  G  Y  M  N  C  K  T  G
D  U  P  X  O  M  Z  A  Z  O  H  X
L  N  D  A  U  V  E  T  M  S  E  G
Q  C  T  S  R  B  W  I  N  S  O  S
D  P  A  Q  T  D  W  S  G  L  V  Q
D  P  R  M  U  S  P  U  Y  T  M  H
T  X  N  S  P  Q  D  N  N  E  C  F
R  Z  D  H  W  E  C  D  L  I  S  Q
```

BEACH	CAMP	FUN
HOT	SUMMER	SUN
SWIM	WATER	

Directions

```
Z  X  S  F  Z  T  B  B  D  T  T  B
G  C  O  E  A  S  F  A  F  H  O  P
B  Q  U  K  C  H  T  T  G  G  M  S
F  U  T  J  J  S  F  I  J  O  R  B
A  C  H  C  E  E  R  T  Y  O  V  Y
H  R  L  W  L  D  S  X  P  G  K  W
M  Y  J  Q  K  A  O  N  O  R  T  H
L  R  H  U  E  V  B  W  O  S  Z  Z
U  W  O  P  O  S  T  O  N  C  K  H
Q  W  Y  Y  A  N  F  Y  Q  P  V  G
K  X  E  G  N  T  E  U  D  Y  X  D
M  W  S  F  S  O  Y  O  Z  J  A  F
```

DOWN	EAST	LEFT
NORTH	RIGHT	SOUTH
UP	WEST	

Candy Store

```
R S B D S L N Y U E T K
M G J E L L Y B E A N W
G I K E N E N I T O T N
M Y Y L I C O R I C E C
A C A R A M E L H J T H
R N S U U H D G N F A O
Z C O H A L V A H Z F C
I O E U L X K O T P F O
P R K R G J Y F X F Y L
A V J A M A K J U E H A
N Z J V U M T F X R O T
X L O L L I P O P L A E
```

CARAMEL	CHOCOLATE	HALVAH
JELLY BEAN	LICORICE	LOLLIPOP
MARZIPAN	NOUGAT	TAFFY

Reptile

```
Q  R  Y  J  L  L  C  P  O  U  M  D
S  K  W  L  O  I  C  M  M  V  L  R
A  K  T  U  W  Z  B  R  N  A  B  Y
L  Z  I  V  B  A  B  J  N  A  V  J
L  F  M  N  N  R  C  A  R  U  K  A
I  G  N  K  K  D  U  B  S  B  Z  H
G  N  E  U  A  G  O  C  T  S  D  V
A  A  M  O  I  C  V  I  P  E  R  N
T  L  C  R  O  C  O  D  I  L  E  U
O  W  F  P  Y  T  H  O  N  O  U  P
R  G  C  H  A  M  E  L  E  O  N  U
W  T  U  R  T  L  E  U  F  D  W  W
```

ALLIGATOR	CHAMELEON	COBRA
CROCODILE	IGUANA	LIZARD
PYTHON	SKINK	TURTLE
VIPER		

Birthday

```
B  W  C  A  N  D  L  E  S  C  R  E
I  D  E  X  B  Q  V  U  F  A  B  T
R  P  W  B  T  D  K  O  R  R  A  A
T  C  R  S  O  N  G  S  I  D  L  T
H  A  C  L  I  N  U  O  E  S  L  Z
D  N  H  Z  F  Y  C  Y  N  N  O  N
A  D  A  L  G  B  S  S  D  L  O  V
Y  Y  P  N  W  E  T  C  S  G  N  P
T  J  P  E  M  A  I  C  P  X  S  F
W  L  Y  A  H  S  Z  A  J  U  H  Y
H  S  G  A  U  M  P  K  I  H  W  W
X  I  C  M  K  H  Z  E  E  T  T  H
```

BALLOONS	BIRTHDAY	CAKE
CANDLES	CANDY	CARDS
FRIENDS	GAMES	HAPPY
HATS	MUSIC	SONGS

Flower

```
E  C  R  B  T  S  N  B  B  O  O  V
H  Z  G  Z  H  O  C  A  O  R  R  Z
B  S  C  Q  U  O  D  A  L  F  C  A
D  E  R  K  T  H  A  P  C  R  H  R
K  K  O  P  F  G  I  T  L  J  I  O
T  S  C  J  A  L  S  M  C  A  D  V
A  Y  U  L  U  N  Y  J  Y  N  B  I
S  O  S  T  I  T  S  L  G  E  N  O
T  G  Z  R  E  L  I  Y  R  Q  B  L
E  G  T  I  S  L  A  R  H  F  U  E
R  I  Y  M  S  H  U  C  C  G  N  T
S  Z  O  T  K  X  M  M  O  R  P  U
```

ASTER	CROCUS	DAISY
LILAC	LILY	ORCHID
PANSY	TULIP	VIOLET

Princess

```
Z  G  G  P  X  B  W  R  H  V  I  W
J  O  J  E  G  W  I  C  D  E  S  K
T  K  E  K  P  M  Q  P  S  D  E  Z
E  N  S  I  Q  M  Y  R  N  L  V  H
V  I  T  N  V  W  O  O  T  E  V  E
I  G  E  G  G  H  M  S  Z  O  U  I
C  H  R  O  C  A  A  I  H  Z  S  R
J  T  R  P  I  C  T  F  N  M  J  R
X  F  D  D  V  X  C  W  U  S  Y  E
K  X  B  A  L  L  O  A  F  V  J  B
U  O  H  Z  O  G  P  T  E  I  N  N
F  B  E  A  U  T  I  F  U  L  O  V
```

BALL	BEAUTIFUL	CASTLE
DIAMONDS	FROG	GOWN
HEIR	HORSE	JESTER
KING	KNIGHT	

Apple

```
M  L  F  R  T  R  P  J  O  G  L  B
U  M  Z  G  F  R  S  V  F  O  O  L
X  U  W  R  R  Q  E  E  A  A  A  O
Q  Q  W  E  E  B  U  E  E  L  A  S
E  R  B  E  D  N  H  M  A  D  I  S
S  L  G  N  E  J  E  G  V  C  S  O
V  J  S  C  I  D  E  R  C  O  R  M
C  U  T  V  P  T  F  E  I  R  D  K
O  I  E  T  E  Z  I  W  X  E  N  Y
I  C  M  S  E  P  C  D  W  N  F  Q
B  Y  A  L  L  J  U  I  C  E  B  Q
S  C  B  O  V  F  O  I  W  T  B  N
```

BLOSSOM	CIDER	CORE
GALA	GREEN	JUICE
JUICY	PEEL	PIE
RED	SEEDS	STEM
TREE		

Anatomy

```
I  D  Q  R  R  I  S  Y  F  V  T  A
B  L  X  G  P  G  S  T  D  M  A  K
M  L  K  M  N  D  K  T  N  G  M  I
U  R  A  U  K  E  I  O  Q  K  X  D
S  L  L  D  S  X  N  B  R  A  I  N
C  T  G  O  D  T  E  G  D  M  N  E
L  O  N  J  I  E  O  Y  U  E  X  Y
E  H  E  A  R  T  R  N  E  P  Z  S
S  B  O  F  B  E  W  L  G  S  B  P
S  O  S  K  R  V  P  Z  P  U  A  S
W  S  T  J  X  S  X  E  A  R  E  P
A  J  F  W  P  F  L  I  V  E  R  I
```

BLADDER	BRAIN	EAR
EYES	HEART	KIDNEYS
LIVER	LUNGS	MUSCLES
NOSE	SKIN	SPLEEN
TONGUE		

Cats

```
L I L I T T E R C Y P E
A Q J U L I O N A J W U
G S F D A M D G T C Y X
B E N L E U P K N E E E
A L I C K I A G I P I J
D M C I G W W Q P Q F A
J B L V W M I C E A C G
A H A E M M F T F A Y U
B I W T I T U V M C G A
K S J E B Q R C I I D R
O S A Z M E O W S J L Y
R W J Q K I T T E N K B
```

CATNIP	CIVET	CLAW
FUR	HISS	JAGUAR
KITTEN	LICK	LION
LITTER	MEOW	MICE
PAW		

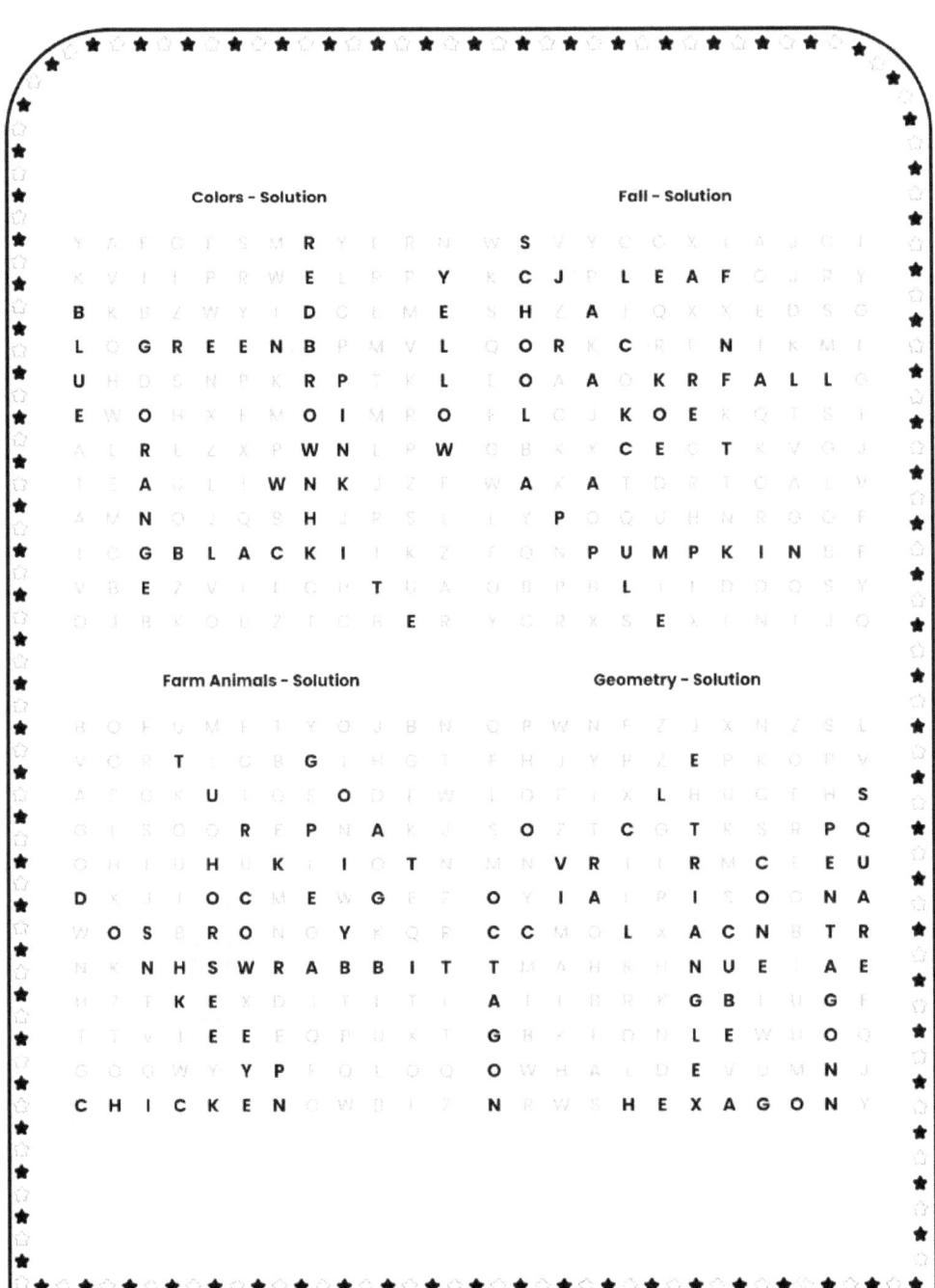

Colors - Solution

Fall - Solution

Farm Animals - Solution

Geometry - Solution

Spring – Solution

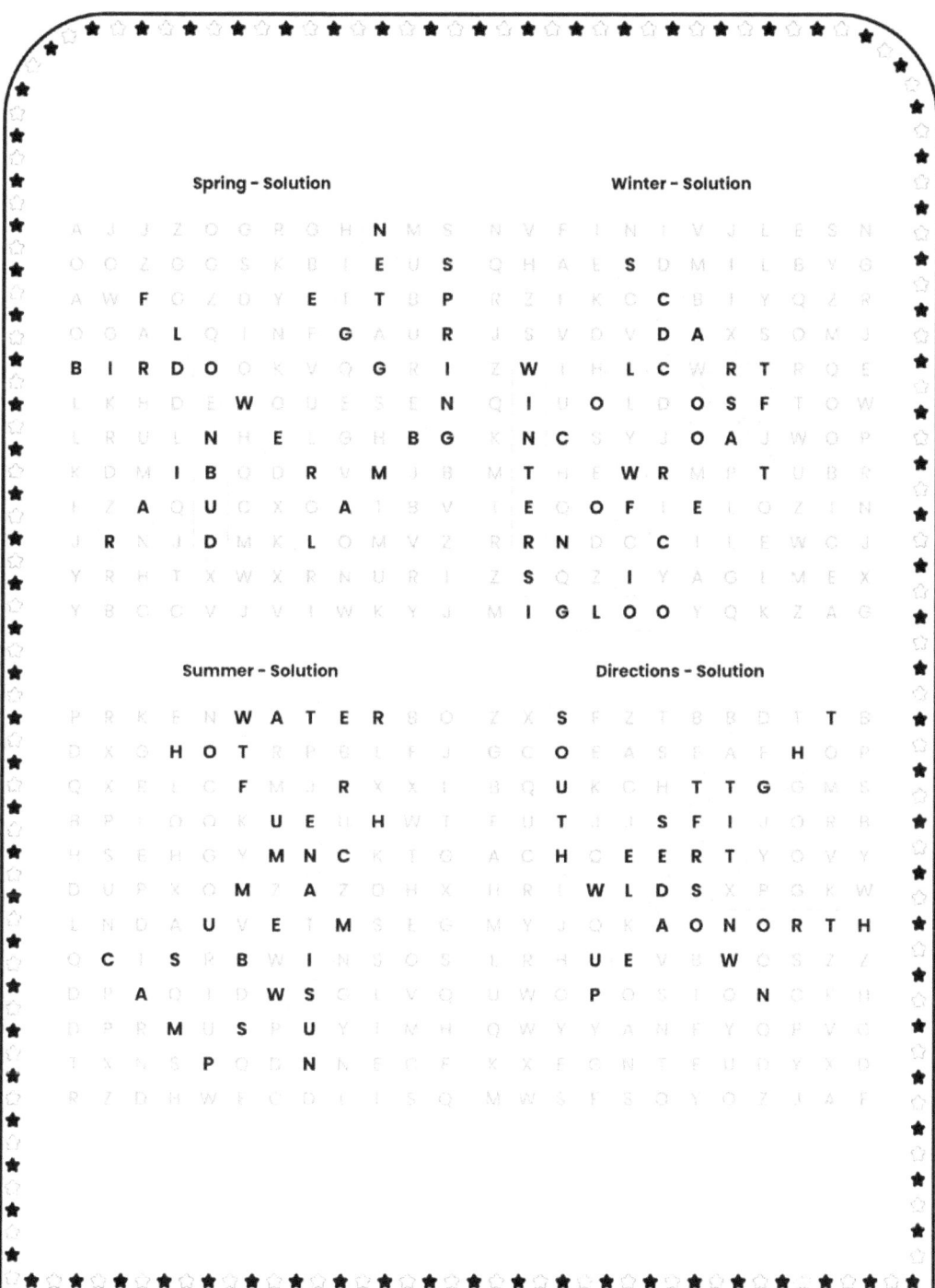

Winter – Solution

Summer – Solution

Directions – Solution

Candy Store - Solution

Reptile - Solution

Birthday - Solution

Flower - Solution

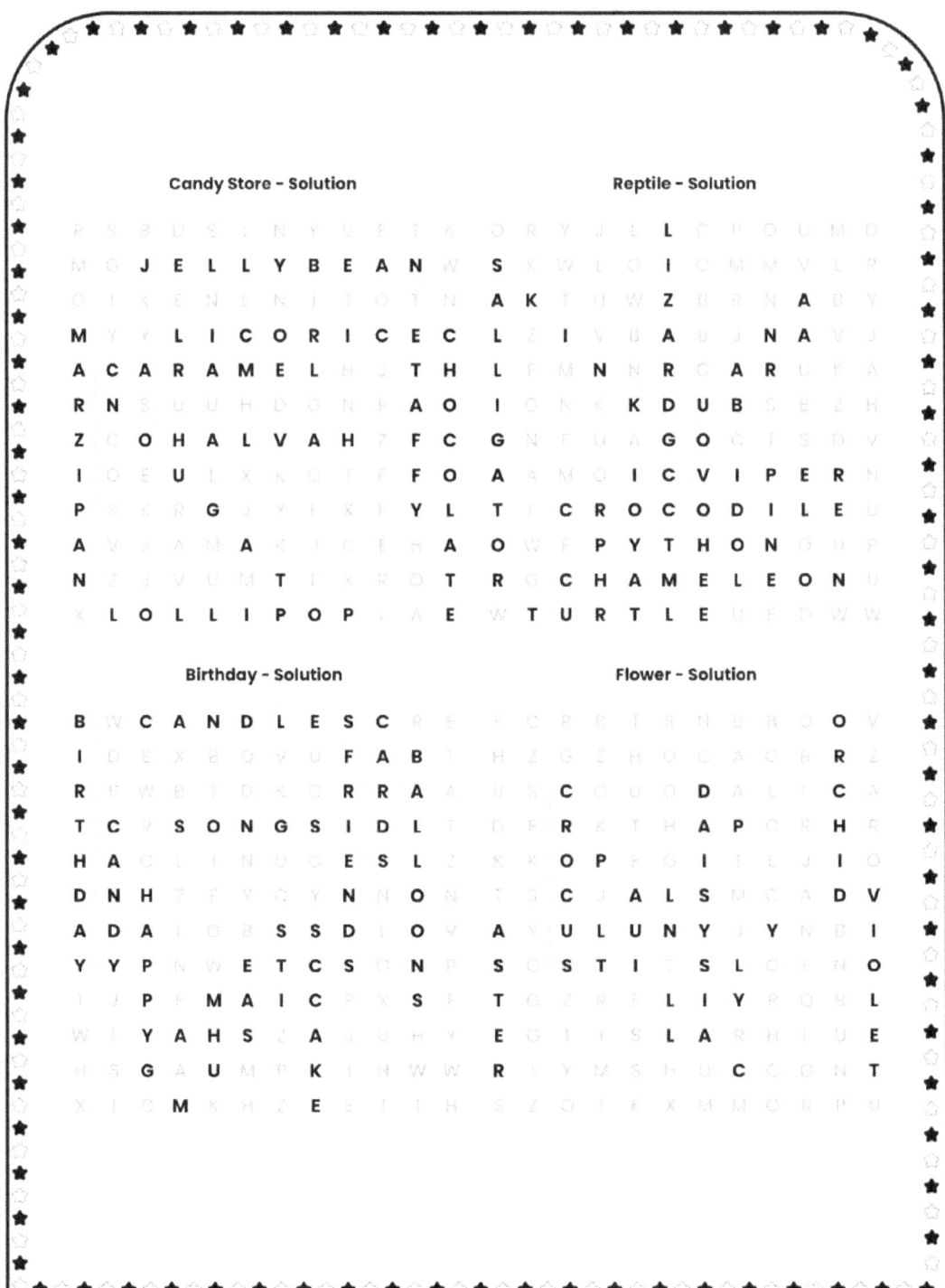

194

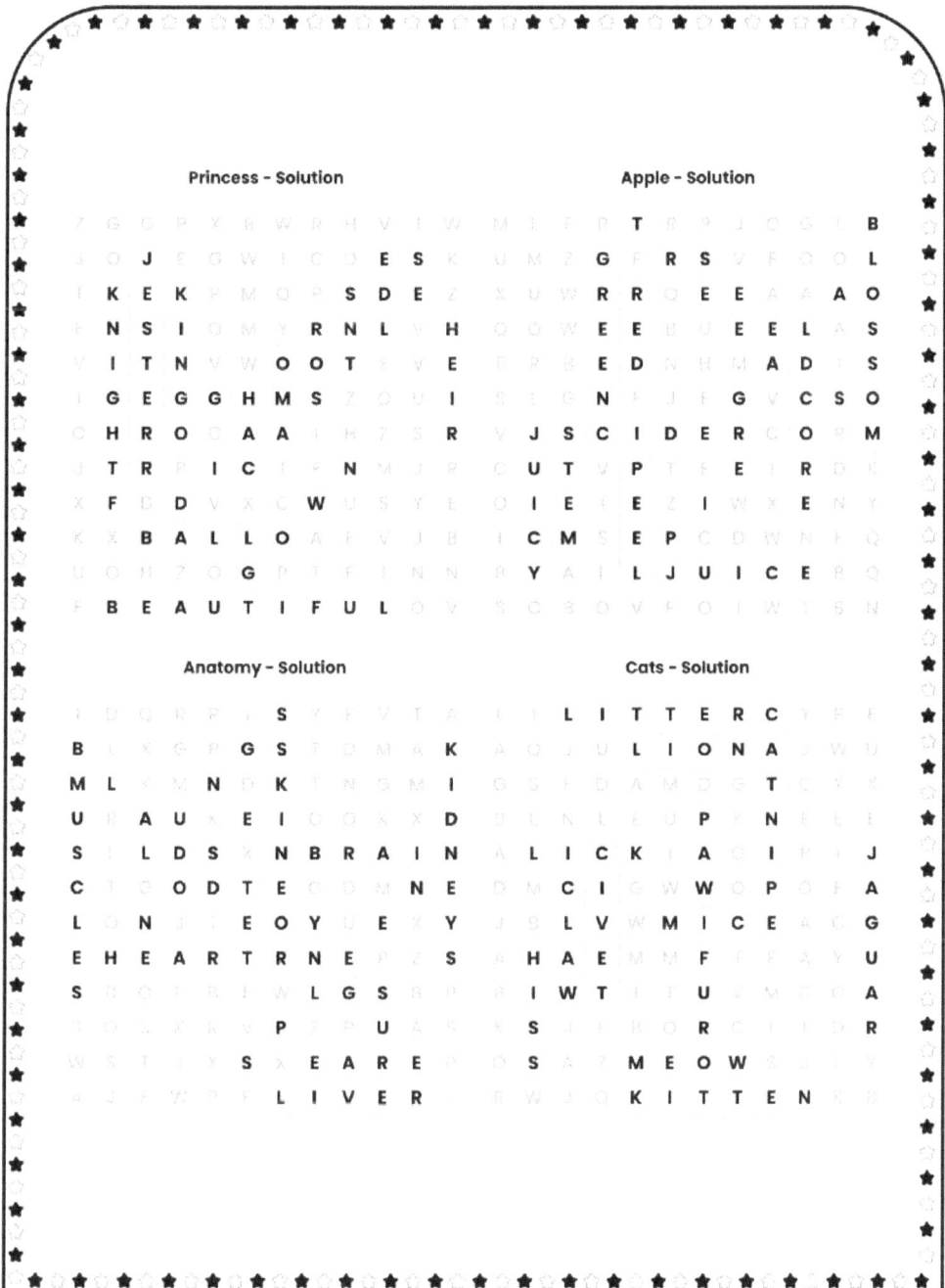

Princess - Solution

Apple - Solution

Anatomy - Solution

Cats - Solution

195

Check out my other books

www.ingramcontent.com/pod-product-compliance
Lightning Source LLC
Chambersburg PA
CBHW080956120626

46546CB00010B/2912